In der Reihe blv sport:

Bauer	Fußball perfekt: Vom Anfänger zum Profi
Baumann/Zieschang	Handbuch der Sportpraxis
Brandl	Modernes Reiten: Schritt, Trab, Galopp
Brandl	Perfekter Reiten – Dressur, Springen, Military
Denk	Segeln: Klar zum A-Schein
Denk	Klar zum Regattasegeln
Ellwanger	Tennisspielen – leicht gemacht
Ellwanger	Tennis – bis zum Turnierspieler
Held/Kreiß	Vom Anfänger zum Rennruderer
Hetz	Schwimmen lernen schnell + sicher
Kemmler	Perfektes Skitraining im Schnee + zuhause
Kemmler	Topfit durch Sport, Spiel und Gymnastik
Kimura	Judo für Anfänger + Kämpfer
Richter	Sicheres Tauchen – Ausrüstung, Technik, Tips
Schabert	Tänzerische Jazzgymnastik
Siegel	Yoga zum Mitmachen
Sklorz	Tischtennis – vom Anfänger zum Könner
Steidle	Wildwasserfahren – Technik Training Taktik
Sturm/Zintl	Sicheres Klettern in Fels + Eis
Vorderwülbecke	Gymnastik + Spiel mit unseren Kleinen
Wöllzenmüller	Skilanglauf – für Anfänger + Könner
Nordheim	das blv sport Lexikon in 2 Bänden: Sport international Disziplinen – Technik – Regeln

gertrude krombholz

tanzen für alle-

von den grundelementen zu geselligen tanzformen

BLV Verlagsgesellschaft
München Bern Wien

Zur Autorin:

Jahrelange Erfahrungen von Gertrude Krombholz in der Lehrtätigkeit für Tanz (Moderner Tanz, Jazz Dance, Gesellschaftstanz und Folkloristischer Tanz), ihre Ausbildung als Sportlehrerin sowie ihre Tätigkeit im Freizeitsport mit Kindern, Jugendlichen und Studenten, mit Senioren und Behinderten finden in diesem Buch ihren Niederschlag. Die Autorin studierte Sport an der Bayerischen Sportakademie, Chemie und Geographie an der Universität München und TU München. Ihre Tanzausbildung absolvierte sie im In- und Ausland; sie legte zusätzlich die Tanzlehrerprüfung ab. Heute ist Frau Krombholz Studiendirektorin und stellvertretende Leiterin der Sportlehrerausbildung, Fachgebietsleiterin und Dozentin für Tanz am Sportzentrum der Technischen Universität München. Sie hat zahlreiche Vorführungen mit der Studenten-Jazztanzgruppe geleitet, so u. a. bei der ARD-Eröffnungssendung der deutschen Fernsehlotterie 1972, der Bayerischen Sportpalette 1973, dem Sportpressefest München 1973, und fand mit einer aus 130 Kindern, Studenten, Senioren und Behinderten bestehenden Tanzgruppe bei der 6. Gymnaestrada ((Weltturnfest) in Berlin 1975 viel Anerkennung für die erstmalig dargestellte Idee »Tanz – Freizeitsport für alle«.

Demonstratoren:

Atja Götzova, Helga Weitzenbeck, Rosi und Heidi Geble, Sigi Zillober, Peter Haag, Franz Weißthanner sowie weitere Mitglieder der Tanzgruppe des Sportzentrums der Technischen Universität München, denen der besondere Dank für die Verwirklichung vieler tänzerischer Ideen gebührt.

Titelbild: Peter Stückl
Zeichnungen und graphische Gestaltung: Hellmut Hoffmann

Satz: Johannesdruck, München
Druck: E. Wartelsteiner, Garching
Bindung: Conzella, Urban Meister, München

Printed in Germany · ISBN 3-405-11551-5

Bildnachweis:

E. Gebhardt, München, Seite 4, 11, 20, 25, 38, 42, 68, 116, 136
P. Stückl, Tutzing, Seite 13, 14, 15, 29, 30–37, 40–48, 71–107, 116–132, 141
Süddeutscher Verlag, München, Seite 99
Alle anderen Fotos blv Archiv sport (Foto: Jürgen Kemmler, München)

Zu diesem Tanzlehrbuch wurde eine Begleitplatte hergestellt, die am Ende des Buches eingeheftet ist. Sie enthält Musiktitel, die speziell für die verschiedenen Tanzformen produziert wurden. Der Verweis auf die passenden Stücke befindet sich bei den jeweiligen Plattenvorschlägen.

Inhalt

Einleitung

Tänzerische Grundelemente

Beatformen

Gruppentänze

Lateintänze

Standardtänze

USA-Mixerformen

Koloformen

Tanzspiele

Tanzen als Freizeitsport

Untersuchungen über Freizeitaktivitäten zeigen, daß das Tanzen bei Jugendlichen und Erwachsenen zu den beliebtesten sportlichen Aktivitäten zählt, neuerdings aber auch zunehmend von älteren Menschen betrieben wird. Tanzen in den verschiedensten Formen kann für jeden Menschen eine sinnvolle körperliche Betätigung in der Freizeit sein. Gegenüber vielen anderen Sportarten hat das Tanzen den Vorteil, daß es bis ins hohe Alter ausgeübt werden kann.

Tanzen kann sportliche Erholung und Entspannung für alle bedeuten, die sich nicht dem Leistungssport verschreiben wollen. Es stellt bei vielen Menschen einen idealen Ausgleich für die Monotonie des Alltags dar. Das mit dem Tanzen verbundene Erlebnis unterschiedlicher Bewegungsmöglichkeiten zu verschiedenartiger Musik kann Beweglichkeit und Gewandtheit, Schnelligkeit und Ausdauer des einzelnen verbessern. Je nach Belastung kann die allgemeine Leistungsfähigkeit gesteigert werden. Das Tanzen in meist ungezwungener Atmosphäre, in Gemeinschaft mit gleichgestimmten Menschen bereitet außerdem Vergnügen, erhöht die Sicherheit des Auftretens und damit das Selbstvertrauen. Auch in der psychomotorischen Bewegungstherapie sowie in der Gesundheitsvorsorge spielt das Tanzen heute eine wesentliche Rolle.

Der Rahmen, in dem sich das Tanzen abspielt, ist weit gespannt. Die ersten Tanzversuche liegen vielfach schon in der frühen Kindheit, wo nicht selten rhythmische Bewegungsansätze zu Musik in freier kreativer Form zu beobachten sind. Kindergarten und Schule geben oft gezielte Anregungen zum Tanzen, meist aus dem Bereich des elementaren Tanzes, des Kindertanzes und des folkloristischen Tanzes. Das Kind soll dabei einerseits zu spontanem und phantasievollem, tänzerischen Handeln allein, mit einem Partner oder mit einer Gruppe geführt werden, andererseits auch überlieferte Tanzformen kennenlernen.

Im außerschulischen Bereich findet die erste Begegnung mit dem Gesellschaftstanz in der Regel in der Tanzstunde statt. Auf Parties, geselligen Treffen im Freundeskreis, in Diskotheken, in Tanzkreisen oder auf öffentlichen Tanzveranstaltungen werden die erworbenen tänzerischen Fertigkeiten angewandt und laufend erweitert. Erst in jüngerer Zeit wurde die Bedeutung erkannt, die das Tanzen über das Jugendalter hinaus haben kann. Tanzschulen verzeichnen eine große Nachfrage nach Ehepaar- und Erwachsenenkursen; Volkshochschulen, private und kommunale Freizeiteinrichtungen, Vereine, Tanzkreise und -clubs, selbst Hochschulen haben auf Grund des regen Interesses ihr Angebot in den verschiedensten Bereichen des Tanzes erweitern müssen. Für bestimmte Personenkreise, z. B. für Senioren, Familien und auch für Behinderte wurde bereits mit Erfolg versucht, das Tanzen zur Steigerung der Lebensfreude und zur Verbesserung der sozialen Integration einzusetzen.

Intention

Mit diesem Buch soll in erster Linie der Tänzer angesprochen werden, der im Rahmen seiner Freizeit – am Wochentag nach getaner Arbeit, am Wochenende oder im Urlaub – Freude an Rhythmus und Bewegung hat, der tänzerische Grundelemente erlernen und die vorhandenen Kenntnisse erweitern will.

Tanzen kennt keine Altersgrenzen, d. h. Kinder, Jugendliche, Erwachsene und Senioren können sich durch den Überblick über die Grundlagen der verschiedenen tänzerischen Möglichkeiten Anregungen holen; allerdings ist eine altersspezifische Darstellung in diesem Rahmen nicht möglich.

Darüber hinaus kann aber auch der im Tanz Unterrichtende durch dieses

Buch sich anregen lassen, eigene Vorstellungen zu variieren oder mit den hier aufgezeigten Tanzformen zu kombinieren.
Dieses Buch soll eine Einführung in die verschiedenen Bereiche des Tanzes geben, die heute im Freizeitrahmen eine vorrangige Stellung einnehmen. Ausgegangen wird von einer systematischen Übersicht über einfache tänzerische Grundelemente. Technik und Variationsmöglichkeiten dieser Grundformen bilden die Grundlage für die meisten Tanzbereiche, von denen die für den Freizeitrahmen wichtigsten mit den eingeführten Fachausdrücken dargestellt werden.

Tanzformen für die Freizeit

Bevor die speziell für die Freizeit geeigneten geselligen Tanzformen vorgestellt werden, soll zunächst ein Überblick über die heute vorwiegend gepflegten Arten des Tanzes gewonnen werden. Dabei kann zwischen den meist auf der Bühne und im Schaubereich angewendeten und den vorwiegend von Amateuren betriebenen Tanzformen unterschieden werden.

Klassisches Ballett
Die ihm zugrundeliegende Technik ist im 17. Jahrhundert entstanden; sie

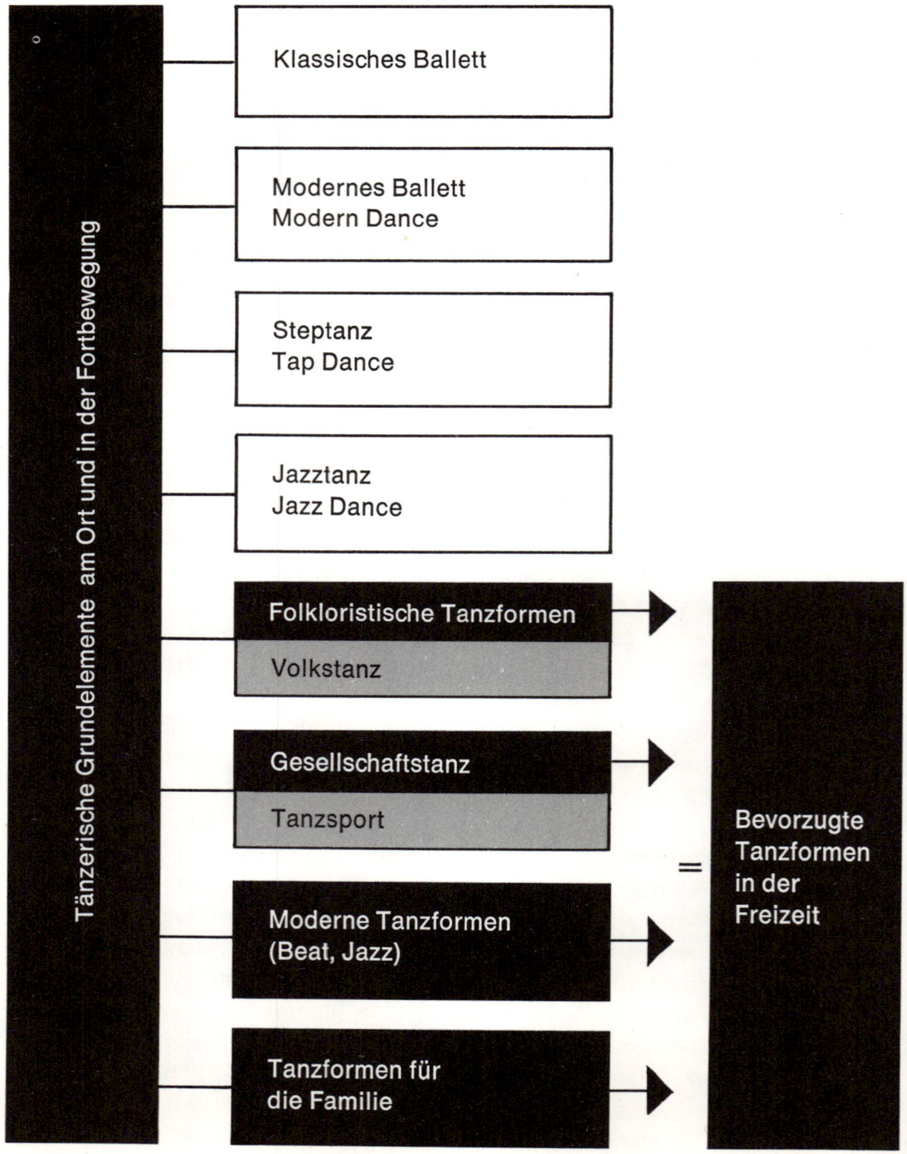

wurde in den folgenden Jahrhunderten erweitert, verbessert und systematisiert. Die Technik des Balletts beruht auf einer Ganzkörperbewegung mit ausgeprägt aufrechter Haltung und außerdem bei Tänzerinnen in der Bewegung überwiegend auf den Fußspitzen. Die Grundlagen des klassischen Balletts sollten nur von ausgebildeten Tanzpädagogen vermittelt werden.

Modernes Ballett – Modern Dance
In einer Gegenreaktion gegen das klassische Ballett ist diese Art des Tanzes zu Anfang des 20. Jahrhunderts entstanden. In den USA ist der Name von Martha Graham, in Europa der von Rudolf Laban mit der Entwicklung dieses mehr durch Ausdruck bestimmten Tanzes verbunden. Wie das Klassische Ballett beruht der Modern Dance weitgehend auf ganzheitlichen Bewegungsformen, verzichtet jedoch vollständig auf die Spitzentechnik. Synthesen zwischen Klassischem und Modernem Ballett in den unterschiedlichsten Stilrichtungen sind nicht selten. Auf Grund der schwierigen Technik kann dieser Tanzbereich nur selten als Freizeitbetätigung sinnvoll betrieben werden.

Steptanz – Tap Dance
Tap Dance ist eine Schöpfung nordamerikanischer Neger, die von Weißen weiterentwickelt, in den dreißiger Jahren ihre Blütezeit erlebte und heute erneut an Bedeutung gewinnt. Die Technik dieses Tanzbereiches besteht vornehmlich in Unterschenkelbewegungen mit hörbar rhythmischen Fußschlägen, begleitet von einfachen Armbewegungen. Auch diese Art des Tanzes bereitet auf Grund der nicht einfachen Fußtechnik dem Laien Schwierigkeiten und spielt daher für den Breitensport keine große Rolle.

Jazztanz – Jazz Dance
Jazz Dance ist ebenfalls eine Erfindung des schwarzen Nordamerikas, aufbauend auf afrikanischer Tanztechnik. Der vor allem in den letzten Jahrzehnten immer weiter entwickelte und populär gewordene Tanzstil stellt heute eine Synthese aus echt afrikanischen Tanzelementen, amerikanischem Modern Dance, Tap Dance und klassischen Ballettelementen dar. Es gibt heute eine Vielzahl von Jazzpädagogen, die jeweils ihre Stilrichtung als den allein richtigen Jazz Dance ausgeben. Das Bewegungsprinzip des Jazz Dance besteht darin, einzelne Körperzentren unabhängig voneinander (Isolation) oder gleichzeitig, rhythmisch und räumlich verschieden (Polyzentrik), einzusetzen.
Ein weiteres Prinzip ist der stetige Wechsel von Spannung und Entspannung (Contract – Release, Relax). Als Musik wird in der Regel Jazz zu Grunde gelegt. Richtiger Jazz Dance ist nur nach langwierigem Studium erlernbar.
Um den Jazz Dance für jedermann zugänglich zu machen, hat man in den letzten Jahren eine Tanzform mit einfacheren tänzerischen Elementen entwickelt, die in den USA als »Recreational Jazz Dance« und in Deutschland als »Jazzgymnastik« mitunter auch als »Jazztanz« betrieben wird. Um den »Recreational Jazz Dance« vom echten Jazz Dance zu unterscheiden, wird er in diesem Buch den modernen Tanzformen zugeordnet.

Volkstanz – Folkloristische Tanzformen
Tänze aus verschiedenen Ländern sind, entsprechend ihrer regionalen Besonderheiten, in Musik, Tanzformen und Trachten durch die Tradition festgelegt. Das überlieferte Tanzgut ist sehr umfangreich und wird heute noch von Volkstanzgruppen einerseits im ursprünglichen Charakter, zum anderen vor allem auch zu Schauvorführungen verwendet.
Ein Teil dieser Tänze hat sich als »International Dances« fast über die ganze Welt verbreitet, wobei sie allerdings mancherlei Abwandlungen erfuhren. Gerade diese geselligen folkloristischen Tanzformen sind für den Freizeitrahmen sehr geeignet, weil sie leicht erlernbar sind und viele kommunikative und sozialintegrative Möglichkeiten bieten.

Gesellschaftstanz – Tanzsport

Unter dem modernen Gesellschaftstanz versteht man die Tänze, die die Grundlage aller gesellschaftlichen Veranstaltungen bilden und die heute nach weltweit abgestimmten Regeln von den ADTV-Tanzschulen (Allgemeiner Deutscher Tanzlehrer-Verband) vermittelt werden. Sie lassen sich in die Standardtänze (Foxtrott, Langsamer Walzer, Wiener Walzer, Tango) und in die Lateintänze (Cha-Cha-Cha, Rumba, Samba, Paso Doble, Jive – Rock'n Roll) einteilen. Hinzu kommen noch »Tänze von gestern« (u. a. Charleston, Polka) und alljährlich Modetänze, die sich kürzer oder länger allgemeiner Beliebtheit erfreuen.

Die Standard- und Lateintänze können auch wettkampfmäßig betrieben werden. Auf den Grundlagen des Gesellschaftstanzes wurden im Rahmen des Tanzsports eigene Turnierfiguren geschaffen, die von Amateur- und Professionaltänzern bei den entsprechenden Tanzwettbewerben angewandt werden.

Der Gesellschaftstanz spielt heute im Freizeitrahmen die bedeutendste Rolle.

Moderne Tanzformen

In jüngerer Zeit haben sich moderne Tanzformen entwickelt, die einerseits in Diskotheken, aber auch bei den verschiedensten geselligen Treffen gerne getanzt werden. Neben Beatfiguren, die in ihrer Technik weitgehend aus afro-amerikanischen Tanzelementen hervorgingen, sind es vor allem einfache tänzerische Grundelemente, die nach moderner Musik (Beat, Soul, Pop, Jazz) ausgeführt werden. Darauf aufbauend können Gruppentänze mit verschiedenen räumlichen und rhythmischen Variationen geschaffen werden. Erfahrungen haben gezeigt, daß moderne Tanzformen einfacheren Charakters auch von Erwachsenen und Senioren begeistert getanzt werden.

Familientanz

Eine völlig neue Art des Tanzens, basierend auf den verschiedensten, vorwiegend jedoch auf geselligen folkloristischen Tanzelementen, konnte sich in den letzten Jahren herausbilden. Unter dem Aspekt der Freude am Tanzen im Familienkreis, der Kommunikation und Integration, wird diesem Bereich in Zukunft noch mehr Bedeutung zukommen.

Tänzerische Grundelemente

Sie sind für alle genannten Tanzbereiche die entsprechende Grundlage, angefangen von den der Haltung und allgemeinen Kondition dienenden Elementen bis zu den grundlegenden Fortbewegungsarten. Sie sind für jede Altersgruppe, insbesondere auch für Senioren und Behinderte, unter dem Gesichtspunkt der Gesundheitsvorsorge und Bewegungstherapie geeignet.

Methodische Hinweise

Dieses Buch ist als eine Einführung in die verschiedenen für den Freizeitbereich bedeutsamen geselligen Tanzformen anzusehen, als eine Art Nachschlagewerk, nicht jedoch als ein »Rezeptbuch«. In jedem Kapitel werden methodische Hinweise gegeben. Jeder Tanzbereich wird zunächst allgemein charakterisiert und dabei auf die dazugehörige Musik eingegangen. Entsprechend der Eigenart des betreffenden Tanzbereiches werden Tanzformen, Tanzfiguren, Schrittfolgen beschrieben sowie Variationen und Anwendungsmöglichkeiten angeführt. Schrittweises Vorgehen innerhalb eines Tanzgebietes ist zu empfehlen, da alle Tanzformen und -figuren vom Einfachen zum Schwierigen aufgebaut sind. Die Beschreibungen und Erklärungen werden weitgehend durch Fotos bzw. Bildserien visuell untermauert. Nach der Aufnahme und Verarbeitung der einzelnen Informationen soll ein erster Bewegungsentwurf und ein Umsetzen desselben in die entsprechende tänzerische Bewegung folgen. Der zweite Lernschritt besteht im Üben der erworbenen Fertigkeit durch mehr-

faches Wiederholen, um schließlich bei Tanzveranstaltungen das Erlernte anwenden, unter Umständen je nach den Gegebenheiten variieren zu können. Die im Lernprozeß notwendige Korrektur kann durch Eigenkontrolle (eventuell Spiegel), unter Umständen auch durch einen Partner geleistet werden.
Notwendig für das sinnvolle Erlernen von Tanzformen ist in jedem Fall ein Plattenspieler (möglichst stufenlos regulierbar) mit einschlägigen Schallplatten, ein Tonbandgerät oder Kassettenrecorder mit den entsprechenden Musikbändern. Wichtig ist, daß zu jeder Tanzart die passende Musik verwendet wird, die Musik auf die Schnelligkeit der tänzerischen Bewegungen abgestimmt ist, damit der Grundrhythmus mit seiner Akzentuierung aufgenommen werden kann.
In Verbindung mit diesem Buch wurde eine Schallplatte mit geeigneter Musik hergestellt.
Der persönlichen Eigenart des einzelnen bleibt es überlassen, welchem Bereich des Tanzes er den Vorzug gibt. In jedem Fall erleichtert der Anschluß an eine Tanzgruppe den eigenen Fortschritt.

Abkürzungen

Zur leichteren Verständigung werden folgende Abkürzungen verwendet:

RF	= rechter Fuß
LF	= linker Fuß
Fspi	= Fußspitze
re	= rechts
li	= links
vw	= vorwärts
rw	= rückwärts
sw	= seitwärts
x vw	= kreuzen vorwärts
x rw	= kreuzen rückwärts
dg vw	= diagonal vorwärts
dg rw	= diagonal rückwärts
bel.	= belasten
schl.	= schließen
a. O.	= am Ort
RD	= Rechtsdrehung
LD	= Linksdrehung
TR	= Tanzrichtung
GTR	= Gegentanzrichtung
GÜSt	= Gegenüberstellung
NSt	= Nebeneinanderstellung
PSt	= Promenadenstellung
GPSt	= Gegenpromenadenstellung
GGSt	= Gegeneinanderstellung
HSt	= Hintereinanderstellung
ggl.	= gegengleich
o. g.	= oben genannt
WH	= Wiederholung
s	= slow (langsam)
q	= quick (schnell)
U	= Dame
V	= Herr

Organisationsformen

Bei der Beschreibung und Erklärung der verschiedenen Tanzformen und -figuren muß immer wieder Bezug genommen werden auf die Ausgangs- und Endstellung des Tänzers, auf die Aufstellungsform des einzelnen, eines Paares oder einer Gruppe, d. h. auf die räumliche Zuordnung des einzelnen, des Paares oder der Gruppe zueinander und zur Übungsstätte. Dabei spielt jeweils auch die unterschiedliche Arm- und Handhaltung, die Tanzfassung der Partner oder einer Gruppe eine Rolle.

Stellungen

Grätschstellung Schrittstellung
geschlossene Grundstellung

Kreuzstellung Hockstellung
offene Grundstellung

Armhaltungen

Arme in Tiefhalte
gestreckt gebeugt

Arme in Hochhalte
gestreckt gebeugt

Arme in Seithalte
gestreckt gebeugt

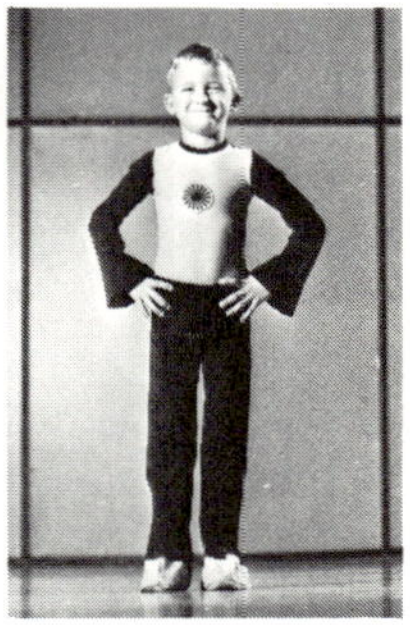

eingestützt

Arme in Vorhalte
gestreckt gebeugt

Arme in Diagonalhalte
Arme in Kreuzhalte

Handhaltungen

Die Hände werden entweder in Verlängerung des Unterarms oder nach vw oder rw abgewinkelt gehalten.

Die Handflächen können je nach Handhaltung nach vorn, nach hinten, nach oben, nach unten, nach innen oder nach außen zeigen.

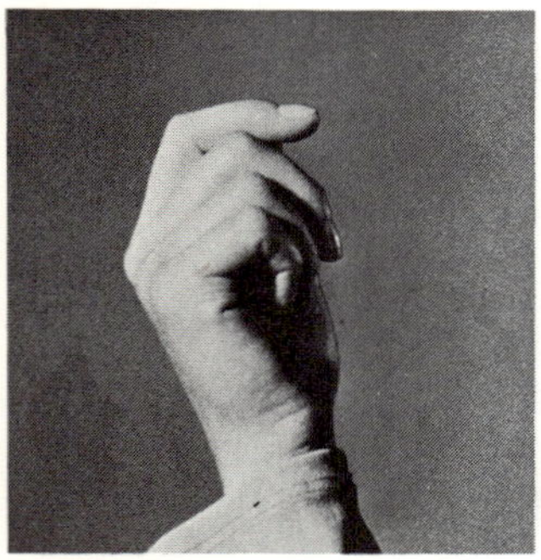

Lockere Hand

Faust

Knipshand

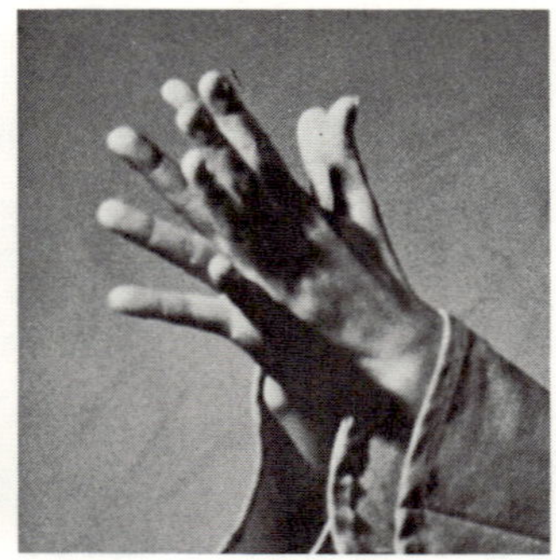

Claphand

Jazzhand

Presshand

Aufstellungsformen und Tanzfassungen

U = Dame
V = Herr

Partner-Aufstellungen mit verschiedenen Fassungen

Gegenüberstellung (GÜSt) >C

Die Partner stehen gegenüber mit Front zueinander.

Tanzhaltung oder »gewöhnliche Fassung«
Sie ist abhängig von der entsprechenden Tanzart:

Lateintänze
offene Tanzhaltung

Standardtänze
enge Tanzhaltung

Folklore-Tänze
meist offene Tanzhaltung

Zweihandfassung
in Hüfthöhe

in Schulterhöhe

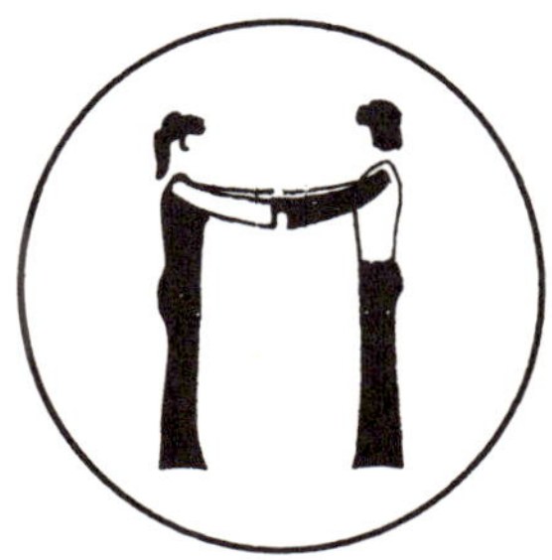

in Kopfhöhe

Einhandfassung

rechte Hand
in rechte Hand (oder ggl.)

rechte Hand Herr
in linke Hand
Dame (oder ggl.)

Unterarmfassung
zweihändig

einhändig rechts (oder ggl.)

Oberarmfassung

Schulterfassung zweihändig

Schulterfassung einhändig rechts und *Einhandfassung* links

Hüftschulterfassung

Butterfly-Fassung

Kreuzfassung

Nebeneinanderstellung (NSt) oder Seitstellung

UV

Rechts-Seitstellung

oder

VU

Links-Seitstellung

Die Partner stehen nebeneinander mit Front in die gleiche Richtung.

Offene Fassung

Arme hängen nach unten

Arme in Schulterhöhe gestreckt

Arme in Schulterhöhe gebeugt

Arme in Kopfhöhe gestreckt, »Tor«

Eingehakte Fassung

Kreuzfassung

Rückenkreuzfassung

Einhandfassung links

Variante: rechte Hand des Herrn kann rechte Hüfte der Dame oder rechte eingestützte Hand der Dame fassen

Hüftfassung

Hüftschulterfassung

Schulterfassung

Promenadenstellung (PSt)
Die Partner stehen schräg zueinander, in V-förmiger Stellung, die Partnerin an der rechten Seite.

Geschlossene Fassung

Offene Fassung

Gegenpromenadenstellung (GPSt)
Die Partner stehen schräg zueinander, in V-förmiger Stellung, die Partnerin an der linken Seite.

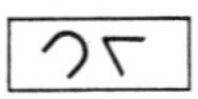

Geschlossene Fassung

Offene Fassung

Gegeneinanderstellung (GGSt)
Die Partner stehen nebeneinander, Front in entgegengesetzte Richtung.

rechts

links

Einhandfassung rechts (oder ggl.)

Eingehakte Fassung rechts (oder ggl.)

Unterarmfassung rechts (oder ggl.)

Hüftfassung rechts (oder ggl.)

Hintereinanderstellung (HSt)
Die Partner stehen hintereinander, Front in die gleiche Richtung.

V
U

Hüftfassung

Schulterfassung

Zweihandfassung

oder

Butterfly-Fassung

Seitliche Hintereinanderstellung

U V

Zweihandfassung in Schulterhöhe (auch Kiekbuschfassung)

Gruppen-Aufstellungen
mit verschiedenen Fassungen

Freie Aufstellungen
Den Tanzenden ist die Aufstellung im Raum freigestellt.

Einzelaufstellung
frontal

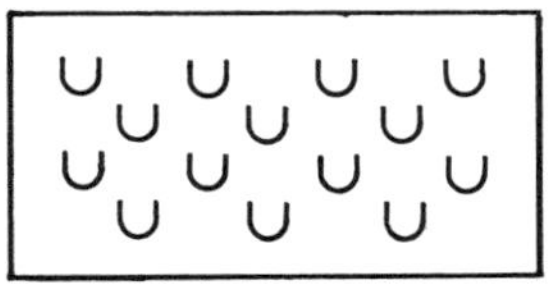

nach innen

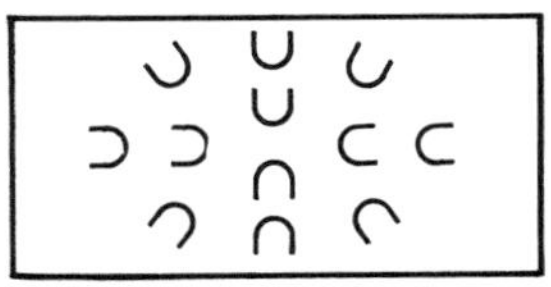

nach außen

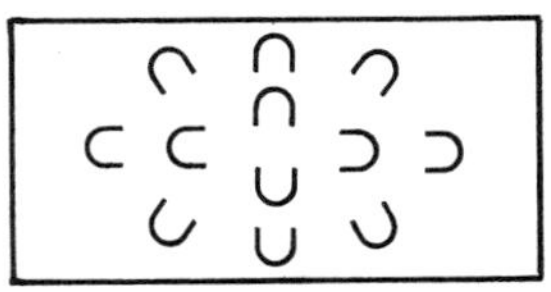

Freie Gruppenaufstellung

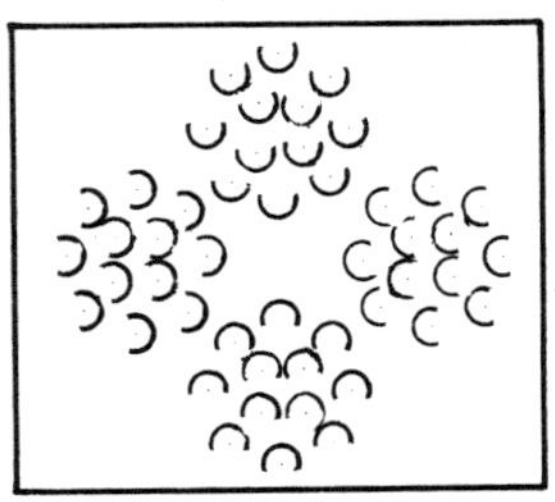

Reihen-Aufstellungen

Stirnreihe
(auch Linie)

Doppelte Stirnreihe

Mehrere Stirnreihen

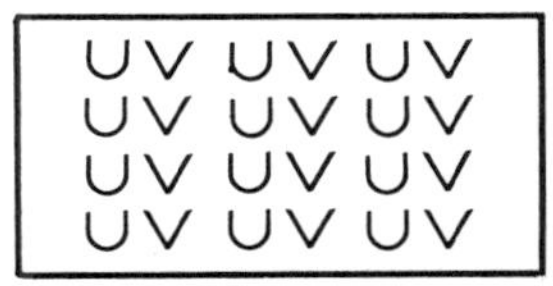

Gasse oder Stirnreihe zueinander

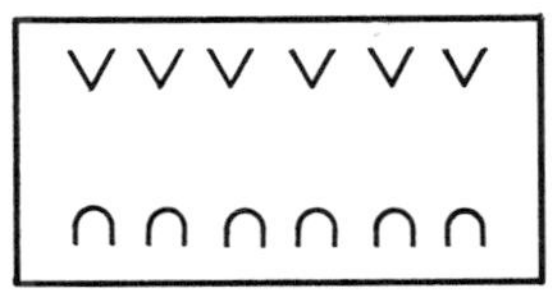

oder

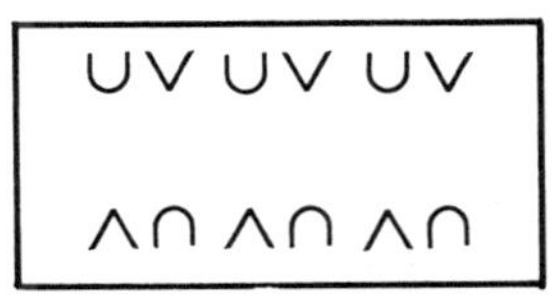

Stirnreihen im Viereck

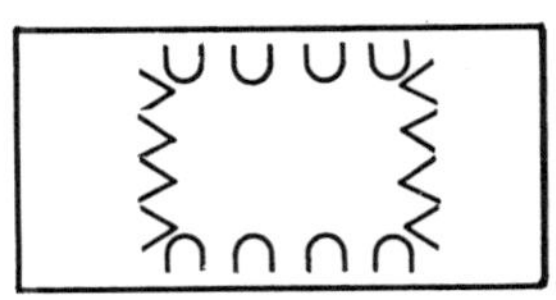

Handfassung

Oberarmfassung

Schulterfassung

Eingehakte Fassung

Kreuzfassung

Flechtfassung

Hüftschulterfassung

Flankenreihe

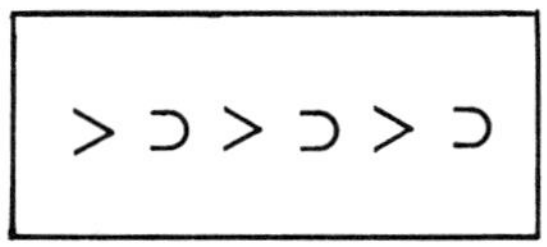

Ohne Fassung

Handfassung

Hüftfassung

Schulterfassung einhändig

Schulterfassung zweihändig

Doppelte Flankenreihe

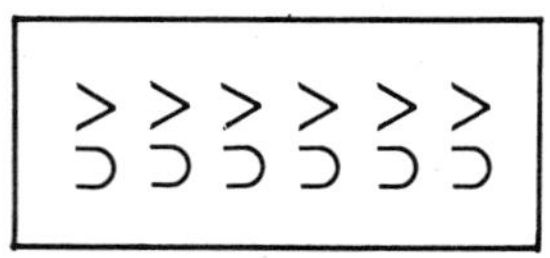

Fassungen wie oben oder siehe Partner-Nebeneinanderstellung

Kreis-Aufstellungen

Innenstirnkreis

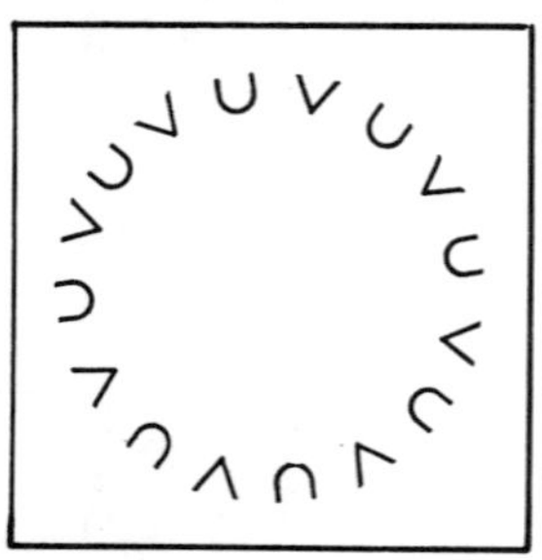

Außenstirnkreis

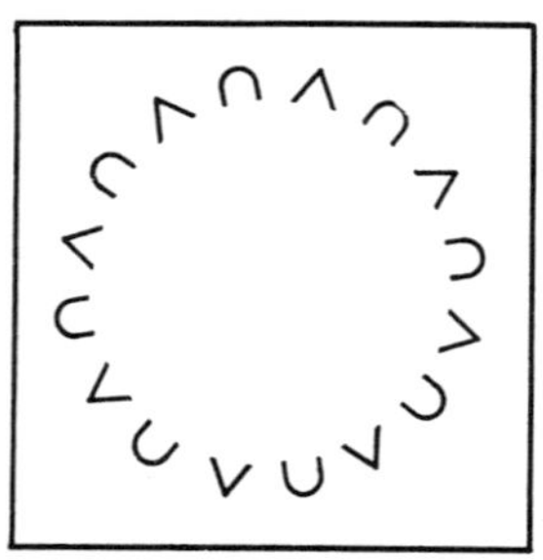

Fassungen siehe *Stirnreihen-Aufstellung* (S. 21)

Flankenkreis

rechts

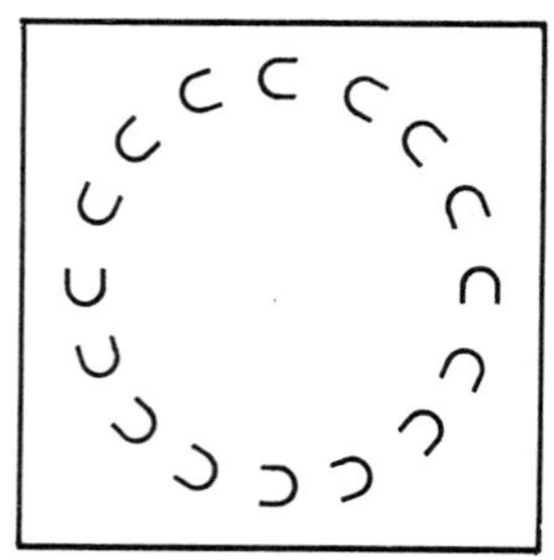

in TR

links

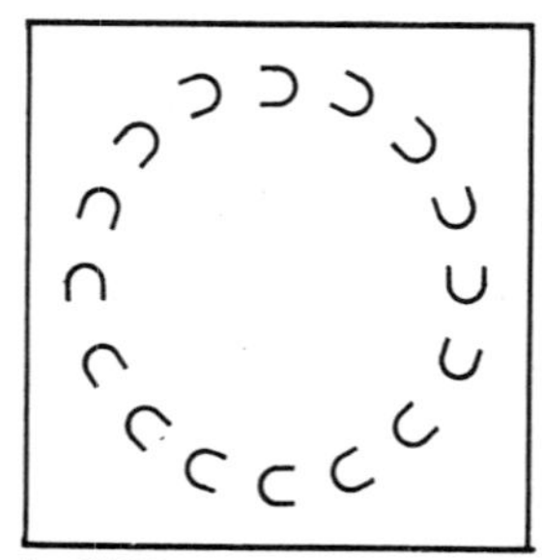

in GTR

Fassungen siehe *Flankenreihen-Aufstellung* (S. 22)

Partner-Aufstellungen im Kreis

Gegenüberstellung
(Herr Front zur Wand)

Fassungen siehe S. 15, 16

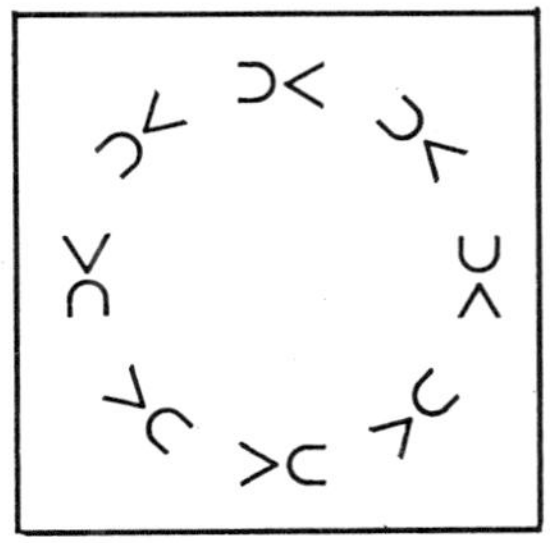

Gegenüberstellung
(Herr Front in TR)

Fassungen siehe S. 15, 16

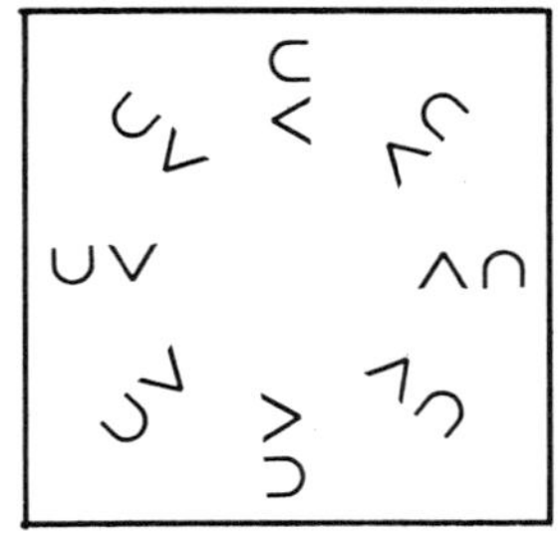

Nebeneinanderstellung
(Front in TR)

Fassungen siehe S. 17, 18

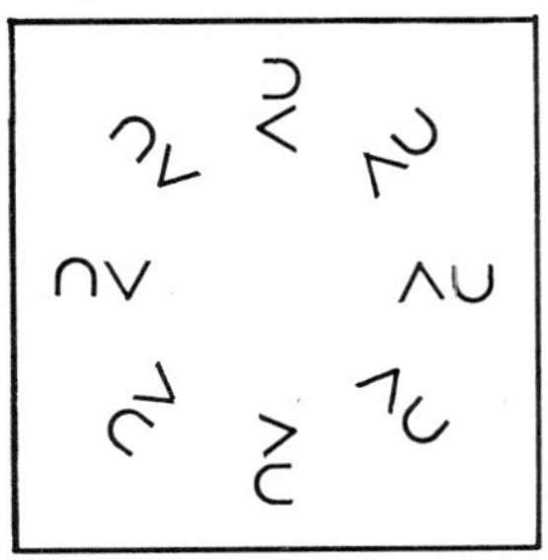

Gegeneinanderstellung
(meistens Herr Front in TR)

Fassungen siehe S. 18, 19

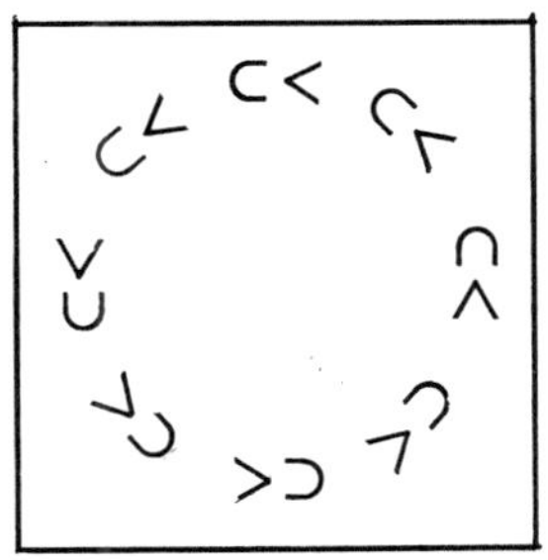

Hintereinanderstellung
(Front in TR)

Fassungen siehe S. 19

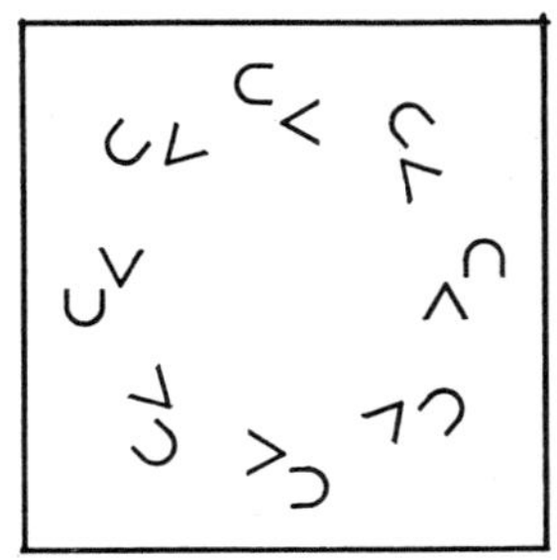

Seitliche Hinter-einanderstellung

Fassungen siehe S. 19

Dreieck-Aufstellungen

in Gegenüberstellung
(mit Handfassung)

oder

in Hintereinanderstellung
(Kutsche) (mit Handfassung)

oder

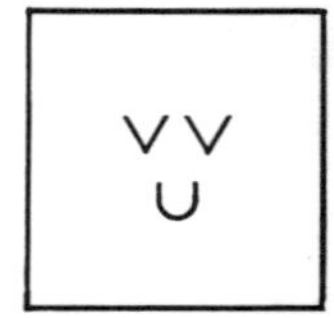

Viereck-Aufstellungen

Zwei Paare in GÜSt

Fassungen siehe →
Partner-Gegenüberstellung
(S. 15, 16)

oder

Fassungen siehe →
Partner-Nebeneinanderstellung
(S. 17, 18)

Zwei Paare
in Hintereinanderstellung
(Kutsche)
(mit Handfassung)

oder

Vier Paare im Quadrat
(Square)

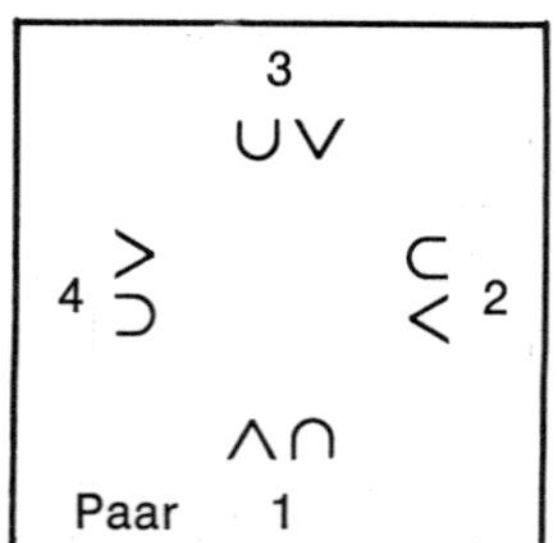

Fassungen siehe →
Partner-Nebeneinanderstellung (S. 17, 18)
-Gegenüberstellung (S. 15, 16)
-Gegeneinanderstellung (S. 18, 19)
-Seitliche Hintereinanderstellung (S. 19)

Tänzerische Grundelemente

Tänzerische Grundelemente bilden die Grundlage für die meisten Bereiche des Tanzes. Sie dienen vorwiegend der Erhaltung und Verbesserung der motorischen Grundeigenschaften, der Beweglichkeit und Gewandtheit, der Schnelligkeit und Ausdauer sowie vor allem der Haltung; sie wecken außerdem Verständnis für tänzerische Bewegungsmöglichkeiten. Die tänzerischen Übungsformen lassen sich weitgehend aus gymnastischen Übungselementen ableiten, sollten jedoch in der Ausführung tänzerischen Ausdruck ausstrahlen und durch rhythmisch-musikalischen Einfluß geprägt sein.
Die tänzerischen Grundelemente lassen sich einteilen in Bewegungsformen, die sich am Ort abspielen, die im Sitzen bzw. Stehen (bei anspruchsvollerem Tanzniveau teils auch im Knien oder Liegen) ausgeführt werden können und in Bewegungsformen, die durch Fortbewegung charakterisiert sind, dem Gehen, Laufen, Hüpfen und Springen. Aus diesen einfachen Grundformen lassen sich die verschiedensten Schrittkombinationen aufbauen.

Tänzerische Bewegungsformen am Ort

Bei den nachfolgend beschriebenen tänzerischen Bewegungsformen handelt es sich vorwiegend um isolierte Bewegungen eines Körperzentrums, z. B. des Kopfes. Systematisch werden die wichtigsten Bewegungsmöglichkeiten der verschiedenen Körperzentren von Kopf bis Fuß aufgezeigt.

- Alle diese Bewegungsformen lassen sich im Stehen ausführen. Senioren können auch im Sitzen üben; ein Stuhl mit normaler Sitzhöhe ohne Armlehne eignet sich dafür am besten.

Tänzerische Grundelemente

Tänzerische Bewegungsformen am Ort	Tänzerische Bewegungsformen in der Fortbewegung	
■ Kopf ■ Schultern ■ Arme ■ Hände ■ Oberkörper ■ Becken ■ Beine ■ Füße	Grundformen (fließend) ■ Gehen ■ Laufen ■ Hüpfen ■ Springen	Schrittkombinationen ■ 2-schrittig ■ 3-schrittig ■ 4-schrittig ■ mehrschrittig – zusammengesetzt

- Die Übungsauswahl bleibt dem Tänzer überlassen. Während einer Übungseinheit besteht die Möglichkeit, systematisch alle Übungen jedes einzelnen Bewegungszentrums nacheinander durchzuarbeiten oder, noch besser, einen ständigen Wechsel der Übungsformen einzelner Körperzentren vorzunehmen, wobei eine Überbelastung bestimmter Muskelgruppen vermieden wird; z. B. nacheinander Schultern, Beine, Arme, Füße, Kopf, Becken usw.
- Ein gleichzeitiges Bewegen zweier oder mehrerer Körperzentren – z. B. gleichzeitig Schultern, Arme, Beine – ist nur dem etwas Geübteren zu empfehlen.
- Viele dieser Bewegungsformen, vor allem die Armbewegungen, lassen sich mit Bewegungsformen in der Fortbewegung, wie z. B. dem Gehen verbinden.
- Die Dosierung, d. h. die zeitliche Dauer der ausgewählten Bewegungsformen bei einer Übungseinheit, ist weitgehend von der Kondition des einzelnen abhängig. Senioren sollten immer wieder Erholungspausen einlegen, öfters einen Wechsel zwischen Bewegungsformen im Stehen und Sitzen vornehmen.
- Die Schnelligkeit der Übungsausführung wird durch die ausgewählte Musik bestimmt. Mitunter ist auch ein langsameres Üben im halb so schnellen Tempo angebracht.
- Zu beachten ist weiterhin, daß Spannung und Entspannung bei der Ausführung der Bewegungsformen abwechseln. Entspannungs- und Lockerungsübungen sind vor allem bei Senioren immer wieder einzubauen.

Musik

Taktart: 2/4- oder 4/4-Takt

Musikrichtung: Beat, Pop, Soul, Jazz, Folklore

Plattenvorschläge:

- ○ Begleitplatte 1. Seite → 1. 2. 3. 5. 6.
- ○ Play with Rhythm / Hermann Mutschler / Hohner Record, LP 3006
- ○ Drum Rhythms for Jazz or Primitive / Hoctor Dance Records, HLP 3015
- ○ Rhtmer II / Melvyn Price / Meldor PR 1002
- ○ Little black book / Jimmy Dean / CBS 1107, Sonderpressung Verlag Walter Kögler (→ S. 143)
- ○ The Gimmik / The Pop-Cornmakers / Metronome M 25462
- ○ Poppa Joe / The Sweet / RCA 74-16136

Kopf

Offene Grundstellung oder Grätschstellung, Oberkörper aufrecht, Arme in Tiefhalte locker hängend oder Hände auf den Oberschenkeln liegend

Neigen des Kopfes nach vw—rw

- Kopf nach vw neigen (Kinn zur Brust) und zur Ausgangsstellung zurück
- Kopf nach rw neigen (Kinn anheben) und zur Ausgangsstellung zurück
- Abwechselnd Kopf nach vw und rw neigen in fließendem Bewegungsablauf

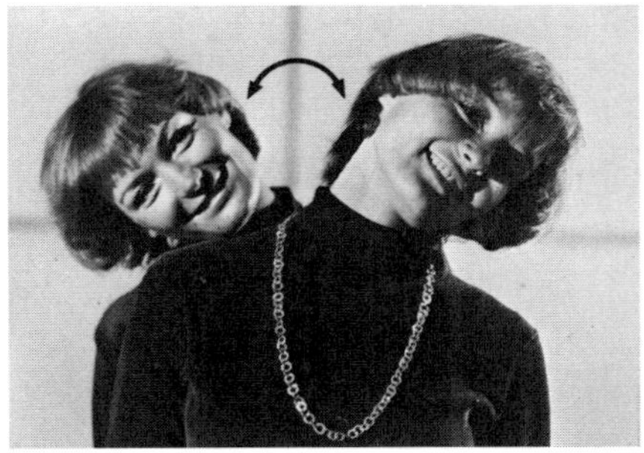

Neigen des Kopfes nach sw

- Kopf nach li sw neigen (li Ohr zur li Schulter) und zur Ausgangsstellung zurück, dann ggl.
- Abwechselnd Kopf nach li sw und re sw neigen in fließendem Bewegungsablauf

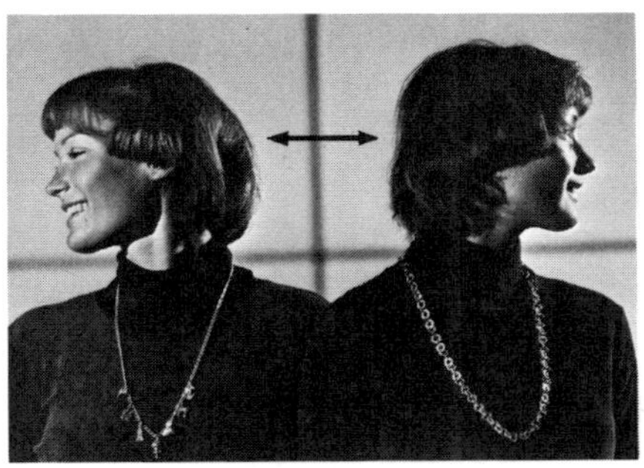

Drehen des Kopfes nach re und li

- Kopf nach li drehen (Kinn waagerecht nach li) und zur Ausgangsstellung zurück, dann ggl.
- Abwechselnd Kopf nach li und re drehen in fließendem Bewegungsablauf

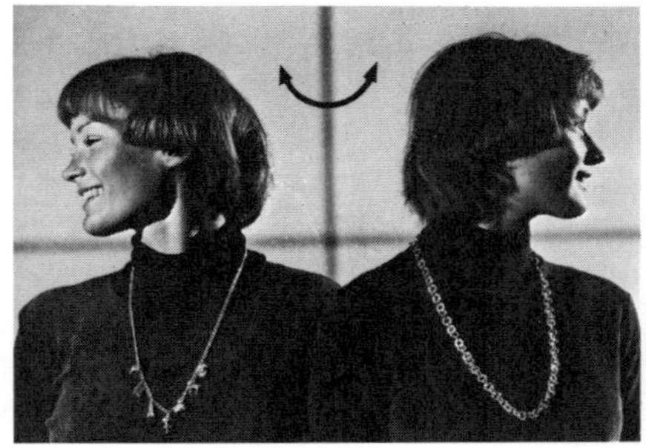

Kreisen des Kopfes

Halbkreisbewegungen:

- Kopf von li sw (Kinn angehoben) über vw unten nach re sw (Kinn angehoben) führen, dann ggl.

Kreisbewegungen:

- Kopf von li sw über vw, re sw, rw nach li sw führen, auch ggl.

Schultern

Offene Grundstellung oder Grätschstellung, Oberkörper aufrecht, Arme in
Tiefhalte, locker hängend oder Hände auf den Oberschenkeln liegend, oder
Seithalte, gestreckt oder gebeugt, oder Hände auf den Schultern liegend, oder
Hochhalte, gestreckt oder gebeugt, oder
Vorhalte, gebeugt oder verschränkt

⑤

①

Heben und Senken der Schultern

- beidseitig: gleichzeitig beide Schultern heben, dann senken
- einseitig: re Schulter heben und senken, dann ggl.
- wechselseitig: gleichzeitig re Schulter heben und li Schulter senken, dann ggl. ①

②

③

④

Vor- und Zurückschieben der Schultern

- beidseitig: gleichzeitig beide Schultern nach vw und rw ②
- einseitig: re Schulter vw und rw, dann ggl.
- wechselseitig: gleichzeitig re Schulter nach vw und li Schulter nach rw, dann ggl., auch locker als Schüttelbewegung (Shoulder-Shake) entweder gleichmäßig oder im »1- und 2«-Rhythmus (vor-rück-vor/rück-vor-rück) ③

Kreisen der Schultern

Halbkreisbewegungen:

- beidseitig: gleichzeitig beide Schultern heben und nach vw senken, wieder heben und nach rw senken
- einseitig: re Schulter heben und nach vw senken, wieder heben und nach rw senken, dann ggl.
- wechselseitig: gleichzeitig beide Schultern heben, re Schulter nach vw, li Schulter nach rw senken, dann ggl.

Kreisbewegungen:

- beidseitig:
  Kreis über vw: gleichzeitig beide Schultern über vw senken, über rw heben, oder
  Kreis über rw: gleichzeitig beide Schultern über rw senken, über vw heben
- einseitig: re Schulter Kreis über vw bzw. Kreis über rw, dann ggl.
- wechselseitig:
  Kreise über vw: gleichzeitig re Schulter über vw senken, li Schulter über rw heben, dann ggl. (»Kraulen vw«), oder
  Kreise über rw: gleichzeitig re Schulter über rw senken, li Schulter über vw heben, dann ggl. (»Kraulen rw«)

Ein- und Ausdrehen der Schultern

Arme in Seithalte gestreckt oder gebeugt

- beidseitig: gleichzeitig beide Schultern eindrehen und ausdrehen ⑤
- einseitig: re Schulter eindrehen und ausdrehen, dann ggl.
- wechselseitig: gleichzeitig re Schulter eindrehen und li Schulter ausdrehen, dann ggl. ④

Arme

Offene Grundstellung oder Grätschstellung, Oberkörper aufrecht

Ausschütteln der Arme einschließlich der Hände
in der

- Tiefhalte
- Seithalte
- Vorhalte
- Hochhalte

Gestrecktes Führen oder Ausschütteln der Arme
von der

- Tiefhalte zur Seithalte
- Tiefhalte über Seithalte zur Hochhalte ①
- Tiefhalte zur Vorhalte
- Tiefhalte über Vorhalte zur Hochhalte ②
  und jeweils zurück

Ausführung:

- beidseitig: gleichzeitig beide Arme
- einseitig: re Arm, dann ggl.
- wechselseitig

Strecken und Beugen der Arme
in der

- Tiefhalte
- Seithalte
- Vorhalte
- Hochhalte

Ausführung:

- beidseitig: gleichzeitig beide Arme strecken und beugen
- einseitig: re Arm strecken und beugen, dann ggl.
- wechselseitig: gleichzeitig re Arm strecken, li Arm beugen, dann ggl. ③, ④

Strecken und Beugen der Arme
Von der gestreckten Tiefhalte

- zur gebeugten Seithalte
- über die gebeugte zur gestreckten Seithalte
- zur gebeugten Vorhalte
- über die gebeugte Vorhalte zur Hochhalte

In der Ausgangsstellung können im Sitzen anstelle der gestreckten Tiefhalte auch beide Hände auf die Oberschenkel gelegt oder die Arme vor oder hinter dem Körper überkreuzt werden.

Von der gebeugten Vorhalte
(Ellbogen an den Körper heranziehen) zur

- gestreckten Hochhalte
- gestreckten Vorhalte
- gestreckten Seithalte
- gestreckten Tiefhalte,

dort einen Handkreis über außen und zur Ausgangsstellung zurück.

Ausführung:

- beidseitig
- einseitig, auch Arm vor dem Körper gekreuzt ⑤

Unterarmbewegungen
Beide Unterarme parallel in re Seithalte

- Unterarme waagerecht nach li und re bewegen, Handflächen nach unten oder Faust mit Daumen nach oben ⑥
- Unterarme im Halbkreis über oben nach li bewegen, dann ggl.; Handflächen nach vorn oder lockere Faust ⑦
- Unterarme im Halbkreis über unten nach li bewegen, dann ggl.; Handflächen nach hinten oder lockere Faust ⑧
- Unterarme im Kreis über unten-oben-unten nach li bewegen, dann ggl.; lockere Faust
- Unterarme im Kreis über oben-unten-oben nach li bewegen, dann ggl.; lockere Faust ⑨

①

②

③

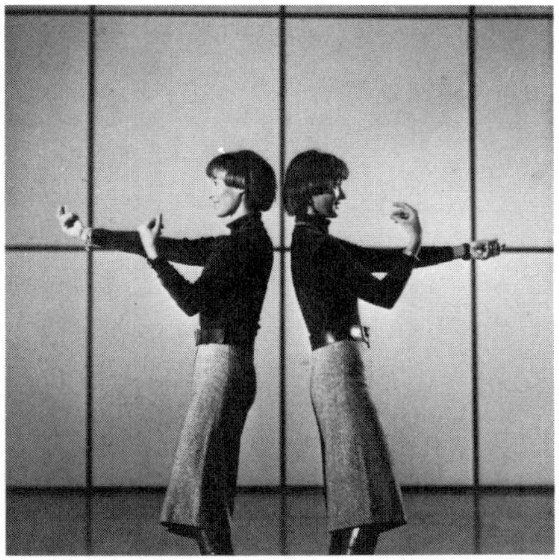

④

⑤

⑥

⑦

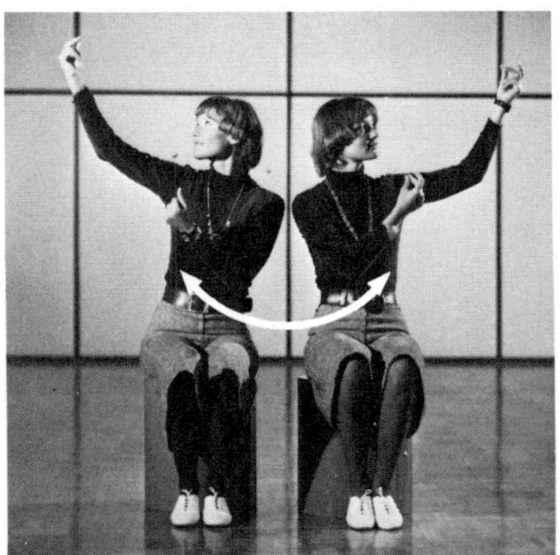

⑧

⑨

①

②

③

Unterarme in Seithalte

- Unterarme waagerecht vor dem Körper überkreuzen und wieder auseinander zur Seithalte, Handflächen nach unten oder Faust mit Daumen nach oben ①
- Unterarme im Halbkreis über unten vor dem Körper überkreuzen und wieder im Halbkreis über unten zurück zur Seithalte, lockere Faust
- Unterarme im Halbkreis über oben vor dem Körper überkreuzen und wieder im Halbkreis über oben zurück zur Seithalte, lockere Faust ②
- Unterarme im Kreis über oben-unten-oben zur Kreuzhalte, dann über oben-unten-oben zurück zur Seithalte

Unterarme umeinanderdrehen
nach außen oder nach innen

- in der Vorhalte
- von der Vorhalte zur Hochhalte und zurück ③
- von der Vorhalte zur Tiefhalte und zurück

Hände

Wechsel lockere Faust – Jazzhand oder Presshand

- In den verschiedenen Armhaltungen

Beugen der Hand nach vw und rw

- In den verschiedenen Armhaltungen

Handkreise

- Handflächen nach außen: Kreisbewegungen über außen-unten-innen-oben zur lockeren Faust
- Handflächen nach oben: Kreisbewegungen über oben-innen-unten-außen zur Presshand ①

In den verschiedenen Armhaltungen

Wechsel Klatschen-Knipsen

z. B.

- Klatsch Oberschenkel –
  Klatsch in beide Hände –
  2 x oder 3 x Knips
  in Hochhalte
  in Seithalte
  in Vorhalte

①

②

Oberkörper

Offene Grundstellung oder Grätschstellung, Oberkörper aufrecht, Arme in der Tiefhalte locker hängend oder in der Seit- bzw. Schrägvorhalte

Wechsel von geradem und rundem Oberkörper
mit Nachfedern

Beugen des Oberkörpers nach vw und rw

- Vorbeugen
  mit rundem Oberkörper, auch mit Nachfedern oder → »Shoulder-Shake« (Vgl. S. 31) ②
  mit geradem Oberkörper, auch mit Nachfedern
  Rückbeugen, auch mit Nachfedern
  mit geradem Oberkörper, auch mit Bogenspannung ②
- Abwechselnd Vorbeugen und Rückbeugen auch mit Nachfedern

Beugen des Oberkörpers nach sw

- Seitbeugen nach re und li, auch mit Nachfedern

Kreisen des Oberkörpers

- Oberkörper von vw über li sw, rw, re sw nach vw führen, auch ggl.

Drehen des Oberkörpers nach re und li

- Oberkörper gegen das feststehende Becken nach re und li drehen, auch mit Nachfedern

Becken

Oberkörper aufrecht, Arme in Tiefhalte locker hängend oder Hände eingestützt

Beckenbewegungen sw

- Offene Grundstellung: beide Knie leicht gebeugt; Becken nach re und li verschieben
- Grätschstellung: LF bel., re Hüfte heben (RF auf Ballen) und nach re sw schieben, anschließend RF bel., dann ggl. (= »soul hip«) ①
- Offene Grundstellung: LF bel., li Knie strecken, re Knie beugen; li Hüfte bewegt sich nach li sw leicht rw, dann ggl. (= »latin hip«) ②

Beckenbewegungen vw—rw

Offene Grundstellung: Abwechselnd Becken nach rw kippen und Becken nach vw schieben; auch mit einer Hoch-Tief-Bewegung möglich

Rhythmus		Becken	Knie
1	(hoch)	rw	strecken
und		vw	
2	(tief)	rw	beugen
und		vw	

(= »Funky-Bewegung«) ③

Beckenkreise

Halbkreisbewegungen

- Offene Grundstellung oder Grätschstellung: Becken über vw nach re sw schieben, dann ggl.
- Grätschstellung: LF bel., re Hüfte heben (RF auf Ballen) und über vw nach re sw schieben, anschließend RF bel., dann ggl.
  (= »soul hip« mit »half circle«)

Kreisbewegungen

- Offene Grundstellung oder Grätschstellung: Becken über vw-re sw-rw-li sw führen, auch ggl.
- Grätschstellung: re Hüfte im Halbkreis über vw-re sw-rw, li Hüfte im Halbkreis über rw-li sw-vw führen, auch ggl.

①

②

③

Beine

Im Sitzen: Offene Grundstellung, Oberkörper aufrecht, Arme in Tiefhalte locker hängend

Aufsetzen der Füße mit dem Ballen oder flachen Fuß in verschiedenen Richtungen

am Ort mit Knie anheben

- beidseitig: beide Knie heben-senken
- einseitig: re Knie heben-senken, dann ggl.
- wechselseitig: Gehen a. O. ①

vw, auch dg vw oder x vw

- einseitig: RF vw (oder dg vw, x vw) und wieder schließen, dann ggl.; auch mit der Ferse möglich
- wechselseitig: gleichzeitig RF vw, LF rw und umgekehrt

kreuzen (RF x vw) und grätschen, dann ggl.

Strecken und Beugen der Unterschenkel

Unterschenkel nach vw (oder dg vw, x vw) ausschleudern (→ kick) und zur Ausgangsstellung zurück

- beidseitig
- einseitig ②

Unterschenkel nach vw und rw schwingen

- beidseitig
- wechselseitig

Ausschütteln der Unterschenkel

Abheben der Füße vom Boden, Ausschütteln der Unterschenkel, Füße locker

- beidseitig
- einseitig

Im Stehen: Siehe S. 45 »Zweischrittige Kombinationen«

①

②

Füße

Im Sitzen (teilweise auch im Stehen einseitig): Offene Grundstellung, Oberkörper aufrecht, Arme in Tiefhalte locker hängend

Beugen und Strecken der Füße
Aufstellen der Füße am Boden, abwechselnd mit den Fersen und den Ballen

- beidseitig
- einseitig
- wechselseitig

Kreisen der Füße
Abheben der Füße vom Boden

- Kreisbewegungen über li sw-untere sw-oben oder ggl.
- Kreisbewegungen über außen nach innen
- Kreisbewegungen über innen nach außen

Ausschütteln der Füße
Abheben der Füße vom Boden

- beidseitig
- einseitig

Tänzerische Bewegungsformen in der Fortbewegung

Die meisten Tanzformen sind mit Fortbewegung, mit Bewegung im Raum verbunden. Grundlage dafür sind die einfachen Grundformen Gehen, Laufen, Hüpfen und Springen. Aus diesen lassen sich Tanzfiguren und Schrittfolgen bilden, die durch eine bestimmte, oft auch wiederkehrende Anzahl von Schritten geprägt sind. Es werden 2-, 3-, 4-schrittige sowie mehrschrittig - zusammengesetzte Kombinationen unterschieden.

Grundformen

(Gehen, Laufen, Hüpfen, Springen)

- Je nach Tanzart hat die eine oder die andere Grundform größere oder geringere Bedeutung. Die modernen Tanzformen und der Gesellschaftstanz sind fast ausschließlich auf Gehkombinationen aufgebaut, folkloristische Tanzformen enthalten Geh-, Lauf- und Hüpfkombinationen, vereinzelt auch Sprünge.
- Die jeweiligen Grundformen lassen sich in einem fließenden Bewegungsablauf in den entsprechenden Techniken üben, z. B. das Gehen mit den verschiedenen Fußansätzen und Beinführungen.
  Oder der Tänzer entscheidet sich bereits für einen bestimmten Tanzbereich und damit für die entsprechende Musik. Er übt dann bereits gezielt die zugehörige Technik, z. B. für die folkloristischen Tanzformen.
- Alle genannten Grundformen können mit verschiedenen Kopf-, Schulter-, Arm-, Hand-, Oberkörper- und Beckenbewegungen koordiniert werden. Anregungen sind dem vorangehenden Kapitel zu entnehmen.
- Der Schrittansatz für die genannten Grundformen geht in folgende räumliche Hauptrichtungen:
  vorwärts
  rückwärts
  seitwärts
  diagonal vorwärts
  diagonal rückwärts
  gekreuzt vorwärts
  gekreuzt rückwärts

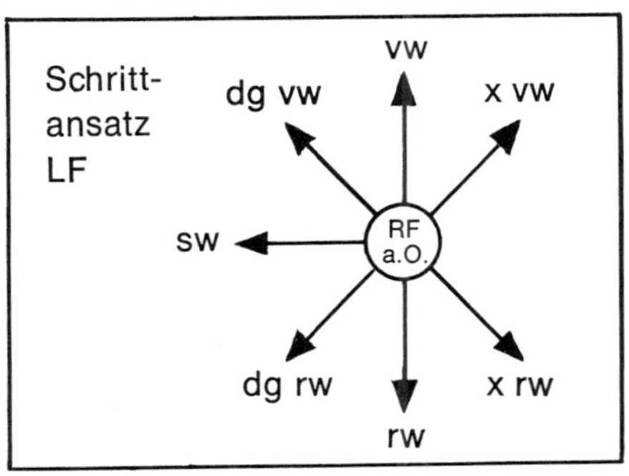

Es können dabei auch Drehungen ausgeführt werden (Drehungsumfang z. B. $1/4$, $1/2$, $3/4$ oder $1/1$ RD oder LD).

- Folgende Raumwege können vom Tänzer frei gewählt werden:

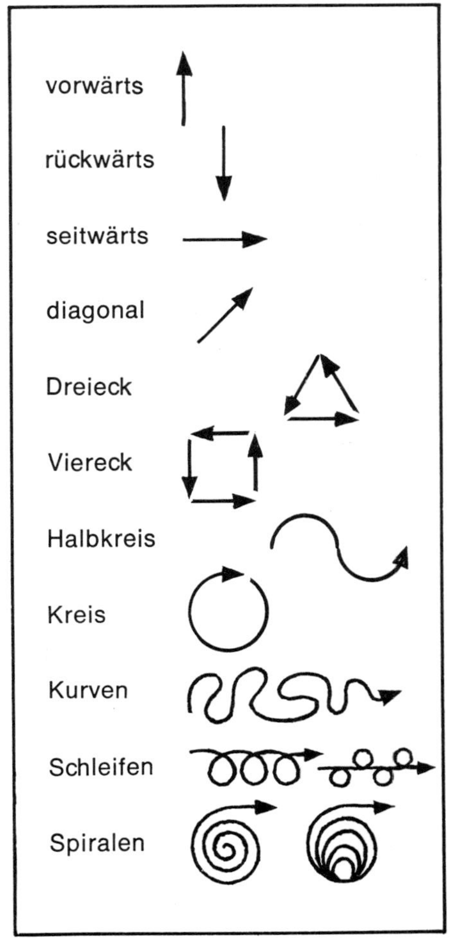

- Die Grundformen können im Tempo langsam bis schnell, in der Dynamik leicht bis kraftvoll mit unterschiedlichem Spannungsgrad ausgeführt werden.
- Beim freien Gestalten der Grundformen kann sich der Tänzer allein, mit einem Partner oder in einer Gruppe bewegen.

Musik

Taktart: 2/4-, 3/4- oder 4/4-Takt
Musikrichtung: Beat, Pop, Soul, Jazz, Folklore

Plattenvorschläge:

Gehen:

- ○ Begleitplatte 1. Seite → 2.
- ○ Drums Drums Drums / Sandy Nelson / SLP 50060; u. a. All shook up
- ○ The Lonely Bull / Herb Alpert / AM Records 212017; u. a. Struttin with Maria, Limbo Rock, Acapulco

Laufen:

- ○ Begleitplatte 1. Seite → 3.
- ○ Coconut / Electronic Butterflies / Hansa 12324
- ○ Honky Tonk Train Blues / Jaap Dekker Boogie Set / Electrola C 006–25029

Hüpfen:

- ○ Begleitplatte 1. Seite → 4.
- ○ Polka-Party I und II / James Last / Polydor 2371190 + 2371313
- ○ Numero Cinco / Herb Alpert / AM Records 14713; Sonderpressung Verlag Walter Kögler (→ S. 143)

Springen:

- ○ Country Western Music / Europa 168; Maggie
- ○ Drums Drums Drums / Sandy Nelson / SLP 50060; Let there be drums

Gehen

Gehen ist eine natürliche, für jeden selbstverständliche Bewegungsform; es besteht aus einer Folge von belasteten Schritten, wobei ein Fuß immer Bodenkontakt behält.
Folgende unterschiedliche *Fußtechniken* können im tänzerischen Bereich angewandt werden:
Aufsetzen der Ferse und Abrollen auf den flachen Fuß,
Aufsetzen des Ballens und Abrollen auf den flachen Fuß,
Gehen auf Ballen ①,
Gehen mit flachem Fuß ②

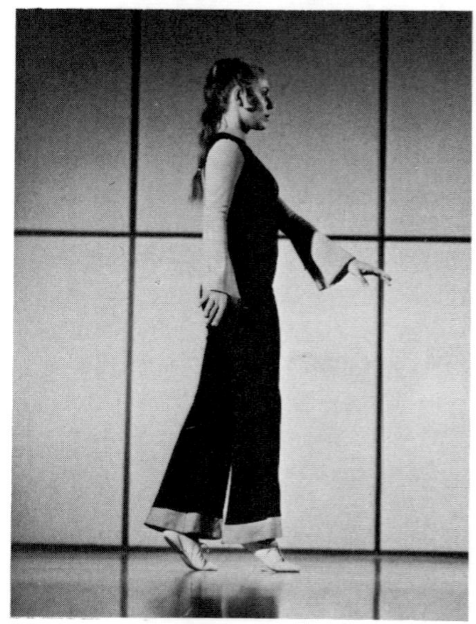

①

Entsprechend dem unterschiedlichen Bewegungsablauf in der Beinführung können folgende *Geharten* unterschieden werden:

- Natürliches Gehen
- Gehen mit Nachfedern in den Knien
- Gehen mit gebeugten Knien
- Gehen mit gestreckten Knien
- Gehen mit Heben der Knie
- Gehen mit Heben des gestreckten Schwungbeins nach vw
- Gehen mit Heben des Unterschenkels nach rw

Laufen

Das Laufen besteht aus einer Folge von belasteten Schritten, wobei beide Füße während des Gewichtswechsels den Bodenkontakt verlieren.

Die *Fußtechnik* besteht aus dem Aufsetzen des Fußballens, dem ein Abrollen auf den flachen Fuß folgt.

Entsprechend dem unterschiedlichen Bewegungsablauf in der Beinführung lassen sich folgende *Laufarten* im tänzerischen Bereich bestimmen:

- Natürliches Laufen
- Laufen mit engen federnden Schritten
- Laufen mit engen Ballenschritten (Trippellauf)
- Laufen mit Heben der Knie
- Laufen mit weitem Ausschleudern des Unterschenkels nach vw
- Laufen mit Heben des gestreckten Schwungbeines nach vw oder rw ③
- Laufen mit Heben des Unterschenkels nach rw ④

②

③

④

Hüpfen
Ein Hüpfschritt besteht aus einem belasteten Schritt mit zweimaligem Bodenkontakt, mit Absprung und Landung auf demselben Fuß.

Folgende unterschiedlichen *Fußtechniken* können angewandt werden:
Aufsetzen der Ferse und Abrollen über den flachen Fuß zum Ballen, Absprung und Landung auf demselben Ballen, Abrollen auf den flachen Fuß;
Aufsetzen des Ballens, Absprung und Landung auf demselben Ballen, auch mit Abrollen auf den flachen Fuß;
Aufsetzen des flachen Fußes mit Absprung und Landung auf demselben flachen Fuß; auch mit »Stampf«.
Das Knie des Absprungbeines wird meist gestreckt.
Entsprechend dem unterschiedlichen Bewegungsablauf des Schwungbeines lassen sich folgende **Hüpfarten** unterscheiden:

- Natürliches Hüpfen (mit lockerem Schwungbein) ①
- Hüpfen mit Heben der Knie ②
- Hüpfen mit Ausschleudern des Unterschenkels nach vw, dg vw, oder x vw
- Hüpfen mit Heben des gestreckten Schwungbeines nach vw oder x vw, rw oder x rw, sw ③
- Hüpfen mit Heben des Unterschenkels nach rw oder x rw ④

①

②

③

④

①

②

③

Springen
Ein Sprung setzt sich aus dem Absprung, einer Flugphase und der Landung zusammen. Die Länge der Flugphase ist auf die jeweils gewählte Musik abzustimmen.
Je nach Absprung- bzw. Landefuß lassen sich folgende Möglichkeiten unterscheiden:

Absprung von einem Fuß auf den anderen
(voraus gehen meist ein oder mehrere Laufschritte)

- Springen vw mit weitem Schleudern des Unterschenkels nach vw; Schrittsprung ①
- Springen vw mit abwechselndem Heben des gestreckten Schwung- und Sprungbeines; Spreizsprung
- Weiter Schritt seitwärts, anschließend Sprung auf den sich schließenden Nachziehfuß; Galoppsprung (wird auch als Galopphupf bezeichnet); auch vw oder rw möglich

Absprung von beiden Füßen (Standsprünge)

- Springen mit geschlossenen Beinen und gestreckten oder gebeugten Knien; Schlußsprung
- Springen aus der Schrittstellung (RF vw) in die Schrittstellung (LF vw); Wechselsprung
- Springen aus der Grätschstellung in die Kreuzstellung (RF x vw), dann ggl.
- Springen aus der Kreuzstellung (RF x vw) in die Kreuzstellung (LF x vw)
- Springen mit Heben beider geschlossener Unterschenkel nach rw
- Springen mit Anhocken der geschlossenen Beine; Hocksprung
- Springen mit Grätschen der Beine; Grätschsprung ②

Absprung von einem Fuß auf beide Füße

- Springen mit Heben des gestreckten Schwungbeines nach vw, rw oder sw. Landen mit geschlossenen Beinen

Absprung von einem Fuß auf denselben

- Springen mit Heben des gestreckten Schwungbeines sw, Absprungbein in der Luft zum Schwungbein schließen, wieder auf dem Absprungfuß landen; Anschlagsprung sw (auch vw oder rw möglich) ③

Belastete Schritte

Kombi-nationen	Takt	Rhythmus (Notenwert Zählweise)	Schritte 1 LF	2 RF	3 LF	oder ggl. 4 RF	Beispiele
2-schrittig	2/4 oder 4/4	1/4 1/4 / 1 2	vw	vw			Schritte vw – rw
			rw	rw			
			vw	rw			Schrittverlagerung
			sw	sw			
			sw	schl.			Schritte sw
			sw	x vw			
			sw	x rw			
3-schrittig	2/4 oder 4/4	1/8 1/8 1/4 / 1 und 2 oder 3/16 1/16 1/4 / 1 und 2	a. O.	a. O.	a. O.		Dreierschr. a.O. (2/4 od. 3/4 T.)
			vw	vw	vw		Dreierschritt vw – rw (3/4 T.)
			rw	rw	rw		
			vw	fast schl.	vw		Wechselschritt vw – rw (2/4 T.)
			rw	fast schl.	rw		
			x vw	vw	vw		Kreuzschritt vw – rw (2/4 T.)
			x rw	rw	rw		
	oder		vw	x rw	vw		
			rw	x vw	rw		
	4/4 oder 3/4	1/2 1/4 1/4 / s q q	vw	schl.	a. O.		Samba-Grundschrtit vw – rw (2/4 T.)
			rw	schl.	a. O.		
		1/4 1/4 1/4 / 1 2 3	sw	schl.	a. O.		Dreierschritt sw (2/4 oder 3/4 T.)
			sw	fast schl.	sw		
			sw	x rw	a. O.		
			sw	x vw	a. O.		
			vw	sw	schl.		Walzer (3/4 T.)
			rw	sw	schl.		
4-schrittig	4/4	1/4 1/4 1/4 1/4 / 1 2 3 4 oder 1/2 1/2 1/4 1/4 / s s q q	vw	vw	vw	vw	Schritte vw – rw
			rw	rw	rw	rw	
			sw	schl.	sw	schl.	Schritte sw
			sw	x vw	sw	x rw	Grapevine-Schritt
			vw	vw	sw	schl.	Foxtrott-Grundschritt
			rw	rw	sw	schl.	
			vw	x vw	rw	sw	Beat-Box

Schrittkombinationen

Die Schrittkombinationen finden vielfältige praktische Anwendung in den verschiedenen Tanzbereichen. Darüber hinaus ist ein getrenntes Üben der beschriebenen Schrittfolgen in der aufgezeigten Reihenfolge möglich.

Musik

$^2/_4$-, $^3/_4$- oder $^4/_4$-Takt

Musikrichtung: Beat, Pop, Soul, Jazz

Plattenvorschläge:

$^4/_4$-Takt:

- ○ Begleitplatte 1. Seite → 2. 3. 5. 6. 7.
- ○ Can the Can / Suzi Quatro / Electrola C 006–94 453
- ○ Sun Quitar / Equaliser / Polydor 2041 563
- ○ Groovin with Mr. Bloe / Mr. Bloe / Hansa Record 14 618

$^3/_4$-Takt:

- ○ Rock around the clock / UK Records DL 25 550

Jede Schrittkombination besteht aus mindestens zwei Schritten; dabei können belastete und unbelastete Schritte unterschieden werden.

- Werden Gehschritte mit voller Gewichtsübertragung ausgeführt, spricht man von *belasteten Schritten.* Die Übersicht auf Seite 45 zeigt räumliche Schrittmöglichkeiten für 2-, 3- und 4-schrittige Kombinationen mit Hinweis auf die entsprechende Taktart und den Rhythmus. Bei der Behandlung der einzelnen Tanzbereiche wird immer wieder auf die entsprechenden Schrittkombinationen verwiesen.
- An die Stelle eines belasteten Schrittes kann auch ein *unbelasteter Schritt* oder ein *unbelastetes Bewegungselement* treten. Es handelt sich dabei um unbelastete Fußbewegungen oder Bewegungen des Unterschenkels

①

Beispiele:
»tap« = ein unbelastetes Aufsetzen des Fußes mit
Spitze (toe tap) oder Ballen (ball tap) ①
oder flachem Fuß (flat tap) oder Ferse (heel tap)

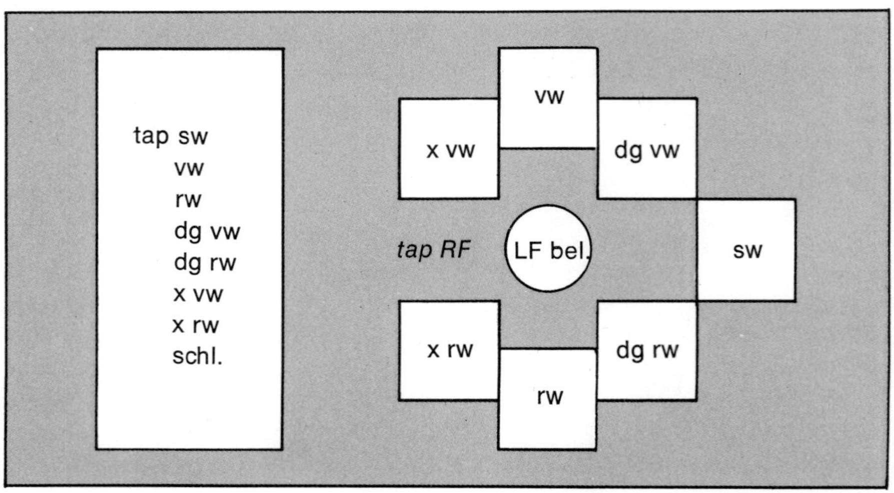

»kick« = ein Ausschleudern des Unterschenkels nach vw, wobei das angehobene, leicht gebeugte Knie schnellkräftig gestreckt wird. Fußhaltung dabei locker oder gebeugt, meist aber gestreckt ②

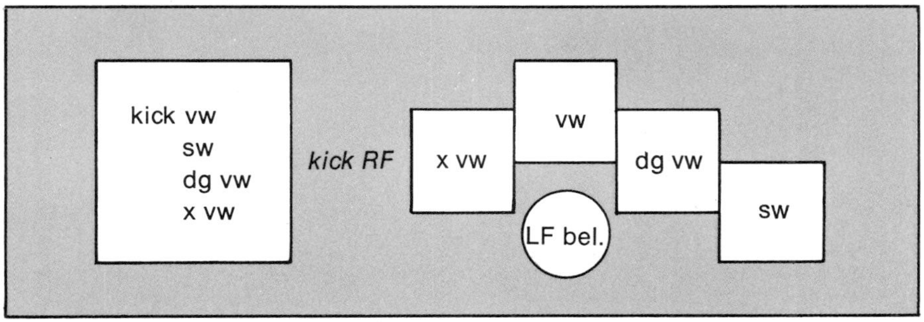

②

»flick« = ein Anheben des Unterschenkels nach rw; Fußhaltung dabei gestreckt oder locker ③

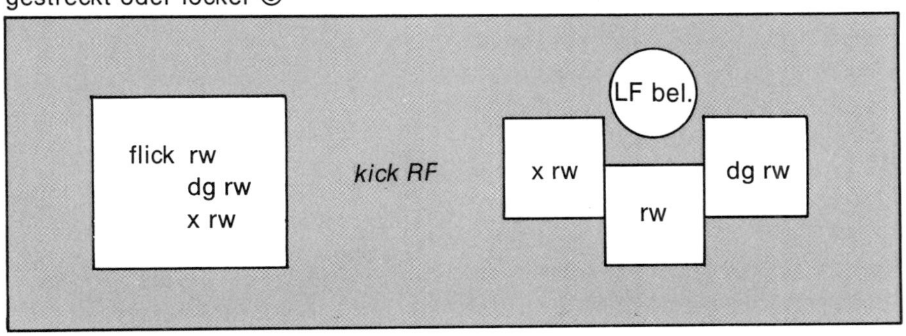

③

»brush« = ein Bürsten des Fußballens über den Boden nach vw mit anschließendem → kick oder rw mit anschließendem → flick

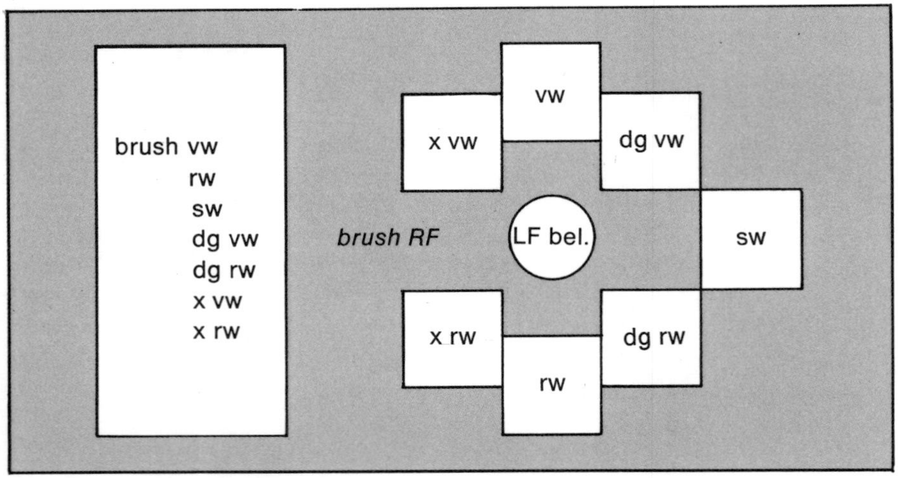

①

Die folgende Übersicht zeigt Beispiele für 2- und 4-schrittige Kombinationen mit jeweils einem unbelasteten Schritt bzw. Bewegungselement (S. 49 oben).

»kneelift« = ein Heben des Knies ①

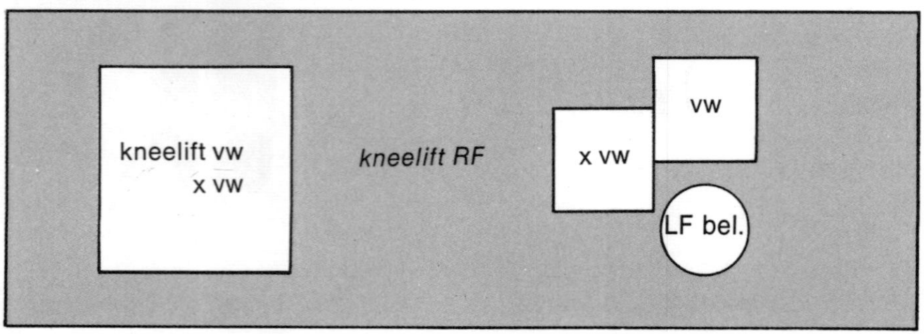

Bewegungsverwandtschaften

Zwischen den verschiedenen Tanzbereichen besteht auf Grund der Verwendung gleicher Schrittkombinationen eine Bewegungsverwandtschaft. In der Ausführung sind jedoch entsprechend dem jeweiligen Musikcharakter deutliche Unterschiede festzustellen. Vgl. die Beispiele in nachfolgender Tabelle (S. 49 unten).

1 bzw. 3 belastete Schritte + 1 unbelasteter Schritt bzw. 1 unbelastetes Bewegungselement

Kombinationen	Takt	Rhythmus (Notenwert Zählweise)	Schritte 1 LF	2 RF	3 LF	oder ggl. 4 RF
2-schrittig	2/4 oder 4/4	1/4 1/4 1 2	sw	+ tap		
			vw	kick		
			rw	flick		
			x vw	brush		
			x rw	kneelift		
4-schrittig	4/4	1/4 1/4 1/4 1/4 1 2 3 4	sw	schl.	sw	+ tap
			sw	x vw	sw	kick
			sw	x rw	sw	flick
			x vw	sw	x vw	brush
			x rw	sw	x rw	kneelift
			x vw	sw	x rw	
			vw	vw	vw	
			rw	rw	rw	

Variante: Es kann auch mit dem unbelasteten Schritt bzw. Bewegungselement begonnen werden, dem die belasteten Schritte folgen.

Bewegungsverwandtschaften

Kombination	Thema	Moderne Tanzformen	Gesellschafts-tanzformen	Folkloristische Tanzformen
2-schrittig 4/4 Takt	1. LF sw 2. RF tap schl. oder ggl.	Skate → S. 54, Le Veer Street Soul → S. 57, u. a.	Rock'n Roll → S. 72 (Double Time)	Balance → S. 118
3-schrittig 4/4 Takt	1. LF sw 2. RF fast schl. 3. LF sw oder ggl.	Pinguin → S. 58	Cha-Cha-Cha (Chassé) → S. 80, Jive (Chassé) → S. 71	Dreierschritt → S. 123 (Kolo)
4-schrittig 4/4 Takt	1. LF sw 2. RF x rw 3. LF sw 4. RF tap schl. oder ggl.	Moderne Gruppentänze → S. 65		Grapevine-Schritt → S. 124

Moderne Tanzformen

Beat- und Jazzelemente bilden die Grundlage für die modernen Tanzformen. Die rhythmische Struktur und die Klangfarbe der modernen Musik reizt zu individueller tänzerischer Gestaltung, zum Variieren der Bewegungsformen und zum Improvisieren. Schrittkombinationen, die einem bestimmten Musikstück angepaßt sind, führen bei verschiedenen Aufstellungen und Raumwegen zu kleinen Tanzkompositionen.
Im Rahmen dieses Buches sollen die Grundlagen der Beatformen und darauf aufbauend moderne Gruppentänze exemplarisch behandelt werden, während die anspruchsvolleren Elemente des »Recreational Jazz Dance« einem Fortsetzungsband vorbehalten bleiben.

Beatformen

Nachfolgend werden Anregungen für das Tanzen nach Diskothekmusik gegeben. Es sind einerseits typische Beatfiguren, die zumeist von nordamerikanischen Tanzexperten erfunden und vielfach nach einem Musikstück benannt wurden, andererseits Vorschläge für das freie Tanzen. Die Beatformen bauen wie der Jazz Dance im Prinzip vor allem auf isoliert und polyzentrisch bewegten Körperzentren auf (siehe »Tänzerische Bewegungsformen am Ort«).

- »Beat« ist ein stationärer Partnertanz ohne Handfassung. Jeder Partner tanzt für sich und versucht, sich in der Bewegung dem anderen anzupassen.
- Die Grundlage für festgelegte und freie Beatfiguren sind 2-, 3- und 4-schrittige Gehkombinationen. Die verschiedensten Kopf-, Schulter-, Arm- und Handbewegungen sowie vor allem die Beckenbewegungen – »latin hip«, »soul hip«, »Funky-Bewegung« – können dazu koordiniert werden.

Musik
Taktart: $^2/_4$- oder $^4/_4$-Takt

Musikrichtungen: Beat, Pop, Soul, Rock

Plattenvorschläge:
- ○ Begleitplatte 1. Seite → 2. 3. 5. 6.
- ○ 1-2-3-4 . . . Fire! / Penny Mc Lean / Jupiter Records 16 666 AT
- ○ Shoorah! Shoorah! / Betty Wright / RCA 26.11 246
- ○ Baby, Do You Wanna Bump / Boney M. / Hansa 13 834 AT
- ○ Fox On The Run / The Sweet / RCA 26. 1252

Beatfiguren mit 2-schrittigen Kombinationen

Schrittkombinationen mit 2 belasteten Schritten

Schrittverlagerungen
Sie werden meist nur mit einem geringen Abheben des Fußes entweder sw–sw oder vw–rw ausgeführt.

Verlagerung sw nach re und li

Ausgangsstellung: Grätschstellung

Schritte	Knie	Fspi	Rhythmus
1 RF sw bel.	beide beugen	beide nach re	1 oder 1, 2
2 LF sw bel.	beide beugen	beide nach li	2 oder 3, 4

Ausführung:
Bewegungsablauf:
in Mittelposition oder
aus Mittelposition mit einer Hochbewegung zurück in Mittelposition oder
in Tiefposition
- unterbrochen:
  Grätsche – re sw – Grätsche – li sw
- fließend:

Rhythmische Varianten:
RF sw bel. mit 4 x Klatsch oder Knips – LF sw bel. 4 x Klatsch oder Knips
oder
RF sw bel. mit 2 x Klatsch oder Knips – LF sw bel. 2 x Klatsch oder Knips
oder
RF sw bel. mit 1 x Klatsch oder Knips – LF sw bel. 1 x Klatsch oder Knips

Beispiel: *Funky Broadway*

Schritte	Knie	Fspi	Arme	Rhythmus		
	beide	beide				
1 RF sw bel.	strecken	nach außen	Tiefhalte	1	oder	①
	beugen	nach re	Seithalte gebeugt	und		②
2 LF sw bel.	strecken	nach außen	Tiefhalte	2		③
	beugen	nach li	Seithalte gebeugt	und		④

Der fortgeschrittene Tänzer wendet dazu im Becken die → »Funky-Bewegung« (S. 36) an.

① ③

②

④

Verlagerung vw—rw

Ausgangsstellung:
Schrittstellung RF vw

Schritte	Rhythmus				
1 RF vw bel.	1	oder	1, 2	oder	1 und 2
2 LF rw bel.	2		3, 4		3 und 4

Ausführung: aufrecht oder Oberkörper vorbeugen und wieder aufrichten.

beidseitig X

Beispiel: *Shouldershake*

Schritte	Hände	Schulter	Rhythmus
1 RF vw bel.		re: vor	1
	re am Ober-	rück	und
	schenkel	vor	2
2 LF rw bel.	eingestützt	re: rück	3
		vor	und
		rück	4

Schrittkombinationen mit 1 belasteten Schritt und 1 unbelasteten Schritt bzw. Bewegungselement
Von den auf S. 49 erwähnten tänzerischen Grundformen lassen sich zu Beatmusik fast alle anwenden. Es bleibt dem einzelnen überlassen, mit den verschiedenen »tap«-, »kick«-, »flick«-, »brush«- und »kneelift«-Möglichkeiten zu variieren und improvisieren, die verschiedensten Kopf-, Schulter, Arm- und Handbewegungen sowie Beckenbewegungen (»soul hip«, »latin hip«, »funky») dazu zu verwenden.

Übersicht:

1 LF		2 RF	oder ggl.
sw		tap	
vw		kick	
rw	+	flick	
x vw		kneelift	
x rw		brush	

Fast alle typischen Beatfiguren haben einen belasteten Schritt mit einem unbelasteten »tap« oder umgekehrt als Grundlage.

Beispiel: Philly Dog

Schritte	Knie	Arme	Rhythmus
1 LF schl.	strecken	Kreuzhalte	1
2 RF ball tap dg rw	beugen	Seithalte gebeugt	2
ggl.: 3 RF schl.	strecken	Kreuzhalte	3
4 LF ball tap dg rw	beugen	Seithalte gebeugt	4

Pearl

Schritte	Knie	Arme	Rhythmus
1 LF heel tap vw	strecken	re: Vorhalte gebeugt	1
2 LF schl.	beugen	Tiefhalte	2
ggl.: 3 RF heel tap vw	strecken	li: Vorhalte gebeugt	3
4 RF schl.	beugen	Tiefhalte	4

Skate

Schritte	Knie	Arme	Rhythmus
1 LF sw leicht vw, latin hip re	li beugen	li: Seithalte gebeugt	1
2 RF tap schl., gleitend, ¼ RD	beide fast strecken		2
ggl.: 3 RF sw leicht vw, Latin hip li	re beugen	re: Seithalte gebeugt	3
4 LF tap schl. gleitend, ¼ LD	beide fast strecken		4

Le Veer Street Soul

Schritte	Knie	Arme	Rhythmus
1 LF sw	strecken	Tiefhalte	1
2 RF tap x rw	leicht beugen	beide: li Seithalte gebeugt	2
ggl.: 3 RF sw	strecken	Tiefhalte	3
4 LF tap x rw	leicht beugen	beide: re Seithalte gebeugt	4

Tighten up

Schritte	Knie	Arme	Rhythmus
1 LF x vw	leicht beugen	Kreuzhalte	1
2 RF tap dg vw	strecken	Seithalte gebeugt	2
ggl.: 3 RF x rw	leicht beugen	Kreuzhalte	3
4 LF tap dg rw	strecken	Seithalte gebeugt	4

Robot

Schritte	Knie	Arme	Rhythmus
1 LF sw	strecken	Hochhalte	1
2 RF flick x rw	leicht beugen	Tiefhalte	2
ggl.: 3 RF sw	strecken	Hochhalte	3
4 LF flick x rw	leicht beugen	Tiefhalte	4

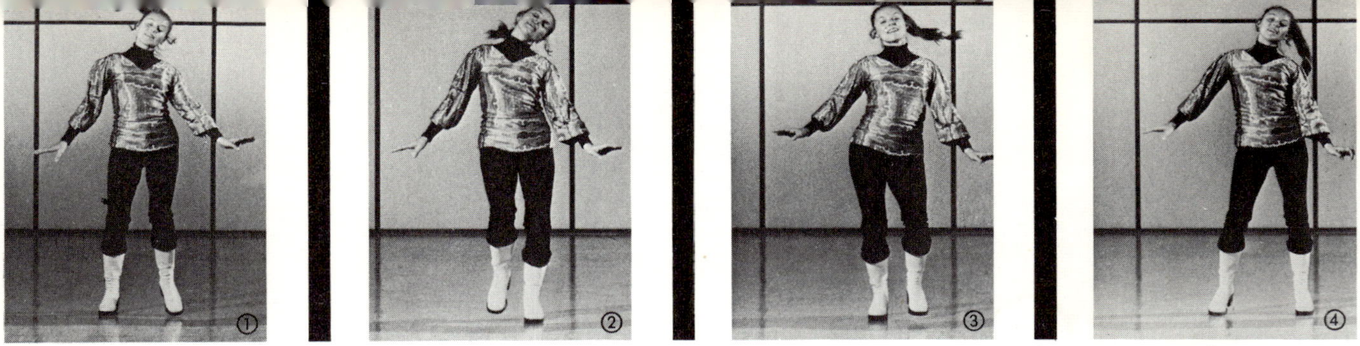

Beatfiguren mit 3-schrittigen Kombinationen

Diese Figuren werden im »1 und 2-Rhythmus« (Notenwerte: 3/16, 1/16, 1/4 oder 1/8, 1/8, 1/4) getanzt.

Schrittkombinationen mit 3 belasteten Schritten

- *Schritte sw*

Diese Wechselschritte, auch als Chassés bezeichnet werden mitunter auch mit »soul hip«, »latin hip« oder »Funky-Bewegung« getanzt. Der 2. Schritt ist dabei meist nur halb belastet.

Übersicht:

1 LF	2 RF	3 LF oder ggl.
sw	schl.	a. O.
sw	fast schl.	sw
sw	x rw	a. O.
sw	x vw	a. O.

Beispiel: Pinguin

Schritte	*Becken:*	*Kopf:*	Rhythmus	
	li hiplift		und	①
1 LF sw	li sw	li	1	②
2 RF fast schl.	re sw	re	und	③
3 LF sw	li sw	li	2	④

Cross-Funky

Schritte	Knie	Arme	Rhythmus	
1 LF sw	gestreckt	Tiefhalte	1	①
2 RF x rw	gebeugt	Seithalte gebeugt	und	②
3 LF a. O.	gebeugt	Seithalte gebeugt	2	③
ggl.: 4 RF sw	gestreckt	Tiefhalte	3	④
5 LF x rw	gebeugt	Seithalte gebeugt	und	⑤
6 RF a. O.	gebeugt	Seithalte gebeugt	4	⑥

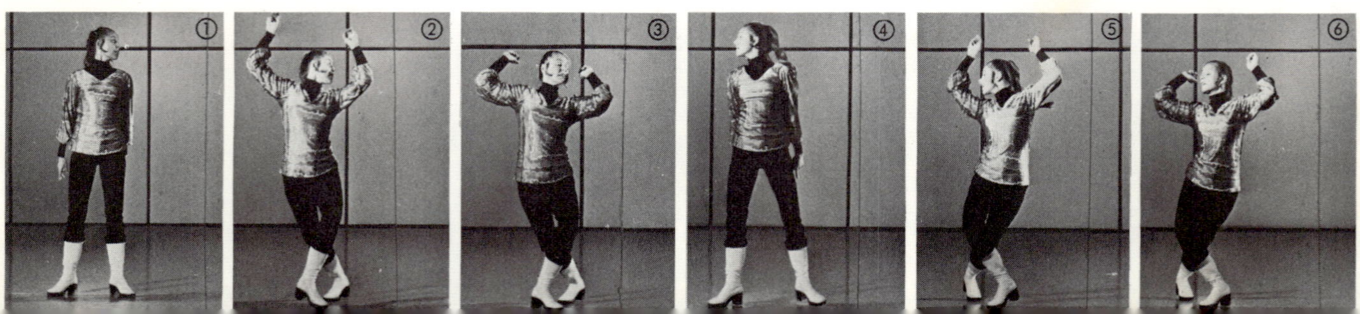

①

②

③

④

⑤

⑥

■ *Schritte vw–rw*

Diese Wechselschritte sollten nur mit geringer Hüftbewegung ausgeführt werden.

Übersicht:

1 LF	2 RF	3 LF	oder ggl.
vw	vw	vw	
rw	rw	rw	
vw	fast schl.	vw	
rw	fast schl.	rw	
vw	x rw	vw	
rw	x vw	rw	

Beispiel: Dreierschritt mit Shoulder shake

Schritte	Hände	Schulter	Rhythmus
1 RF vw		vor	1
2 LF fast schl.		rück	und
3 RF vw	am Oberschenkel	vor	2
4 LF rw	eingestützt	rück	3
5 RF fast schl.		vor	und
6 LF rw		rück	4

Schrittkombinationen mit 2 belasteten Schritten und 1 unbelasteten Bewegungselement

Beispiel: Kick ball change

Schritte	Arme	Rhythmus
1 RF kick vw	li gebeugte Vorhalte	1 ①–④
2 RF rw, 1/2 bel.	re gebeugte Vorhalte	und ⑤
3 LF bel. a. O.	re gebeugte Vorhalte	2 ⑥

Beatfiguren mit 4-schrittigen Kombinationen

Schrittkombinationen mit 4 belasteten Schritten

Im Beattanz kommen nur selten Schrittkombinationen mit 4 belasteten Schritten vor, außer in modernen Gruppentänzen. Es handelt sich dann meist um Bewegungsformen, die anderen Tanzbereichen entnommen wurden, z. B. aus dem Jazz-Dance.

Beispiel: Box (auch Jazz-Square)

Schritte	Arme	Rhythmus	
1 LF vw	re vw	1	①
2 RF x vw	li vw	2	②
3 LF rw	re vw	3	③
4 RF sw	li sw	4	④

Die »box« kann auch ggl. getanzt werden. Ein Beginn mit dem Schritt 2 ist möglich.

④

③

①

②

Schrittkombinationen mit 3 belasteten Schritten und 1 unbelasteten Schritt bzw. Bewegungselement

Auf S. 49 wurden bereits die entsprechenden Grundformen aufgezeigt; fast alle davon lassen sich auch im Beattanz, vor allem aber in den modernen Gruppentänzen anwenden. Die verschiedenen Möglichkeiten mit »tap«, »kick«, »flick« und »brush« können mit den verschiedenen Kopf-, Schulter-, Arm- und Handbewegungen sowie mit den typischen Beckenbewegungen variiert werden. Es besteht dabei eine gewisse Verwandtschaft mit den 2-schrittigen Kombinationen.

Überblick:

1 LF	2 RF	3 LF		4 RF
sw	schl.	sw		
sw	x vw	sw		
sw	x rw	sw		tap
x vw	sw	x vw		kick
x rw	sw	x rw	+	flick
x vw	sw	x rw		brush
sw	sw	sw		kneelift
vw	vw	vw		
rw	rw	rw		

Es besteht auch die Möglichkeit, mit dem unbelasteten Schritt bzw. Bewegungselement zu beginnen, dem dann die 3 belasteten Schritte folgen.

① ② ③ ④ ⑤

Beispiel: Shingaling

Schritte		Arme	Rhythmus	
1 LF sw	Schrittverlagerung mit »soul hip«	Tiefhalte leicht gebeugt	1	①
2 RF sw			2	②
3 LF sw			3	③
4 RF kneelift		Handklatsch in Kopfhöhe, dann Tiefhalte	4	④
5–8 ggl.				⑤

Beispiel: Double Skate

Schritte	Knie	Arme	Rhythmus
1 LF sw leicht vw, latin hip re	li beugen	li: Seithalte geb.	1
2 RF schl. gleitend, latin hip re	li beugen		und
3 LF sw leicht vw, latin hip re	li beugen		2
4 RF tap schl. gleitend, 1/4 RD	strecken		und
5–8 ggl.			⑥ ⑦ ⑧ ⑨

⑨ ⑧ ⑦ ⑥

Drehungen

Die meisten angeführten Schrittkombinationen lassen sich mit 1/8, 1/4 oder 1/2 Drehung ausführen. Dazu kommen noch einige typische Drehungen, die vor allem bei modernen Gruppentänzen zur Anwendung kommen können:

①

②

Drehungen auf einem Bein (Pirouette):

Schritte ①, ②	1	LF a. O. (Pirouette),	1/1 LD
	2	RF tap dg rw	

Drehungen mit 2 belasteten Schritten:

Schritte ⑥ ⑦	1	RF vw (Ausfallschritt)	1/2 RD oder 1/2 LD
	2	LF kurz bel., RF schl.	
	3	LF vw (Ausfallschritt)	1/2 RD oder 1/2 LD
	4	RF kurz bel., LF schl.	

Schritte	1	RF vw (Ausfallschritt)	1/2 LD
	2	LF bel. a. O., RF unbel. schl.	
	3	RF vw (Ausfallschritt)	1/2 LD
	4	LF bel. a. O., RF unbel. schl.	

Schritte	1	LF x vw (Kreuzstellung)	1/1 RD
③, ④, ⑤	2	RF bel. x vw	

Drehungen mit 3 belasteten Schritten(4/4-Takt):

Schritte	1	LF sw	1/1 LD
	2	RF schl. oder sw	
	3	LF sw (Ausfallschritt)	
	4–6	ggl. 1–3	

Drehungen mit 3 belasteten Schritten und 1 unbelasteten Schritt bzw. Bewegungselement

Schritte	1	LF sw	1/1 LD
	2	RF schl. oder sw	
	3	LF sw	
	4	RF tap kick flick brush kneelift	

③

④

⑤

⑦

⑥

Moderne Gruppentänze

Darunter werden kleine Tanzkompositionen in verschiedenen Aufstellungen, vor allem in Reihe, Kreis oder in der freien Gruppe verstanden. Sie bauen vorwiegend auf den vielfältigen Schrittkombinationen, insbesondere den unterschiedlichen Geharten, auf. Sie werden in der Regel von Tanzexperten kreiert und weitergegeben; es kann aber auch der Versuch gemacht werden, aus der Fülle der aufgezeigten Schrittkombinationen sich selbst einen modernen Gruppentanz zusammenzustellen. Eine solche Komposition sollte auf die ausgewählte Musik, deren Charakter, Rhythmus und Akzente abgestimmt sein. Für das Verfahren beim Zusammenstellen einer kleinen Tanzchoreographie empfiehlt sich:

- Auswahl der Musik anhand der neuesten Hitparade.
- Improvisation zu der ausgewählten Musik unter Anwendung einfacher Tanzformen, um den passenden Bewegungscharakter zu erfühlen.
- Analyse der Musik in bezug auf Taktart, Rhythmus, Phrasierung und Akzente.
- Auswahl der Schrittkombinationen und Zusammensetzung derselben in Abstimmung auf die Musik, für den Anfang nicht mehr als 12- oder 16-schrittige Kompositionen, die wiederholt werden können.

Unter Einbeziehung der Grundformen und deren Schrittkombinationen, besonders der Beat-Figuren, sollen unter dem Aspekt verschiedener Aufstellungen und Raumwege einige praktische Beispiele für einfache Gruppentänze gegeben werden.

①

②

③

Football

Musik

- ○ Begleitplatte 1. Seite → 6.
- ○ In the Summertime / Mungo Jerry / vogue DV 11077 oder andere Beat-Musik, 4/4-Takt

Grundformen:

- ■ Zweischrittige Kombination: Schrittverlagerung vw–rw mit Shouldershake
- ■ Gehen rw mit »soul hip«

Aufstellung:

- ■ Freie Aufstellung
- ■ Reihen-Aufstellung (auch Gasse)
- ■ Partner-Aufstellung im Kreis, GÜSt – Herr Front zur Wand

Tanzbeschreibung:

	Schritte		Arme/Schultern
Teil A	1 und 2	Schrittverlagerung RF vw, Oberkörper leicht vorgebeugt	Shouldershake vor-rück-vor
	3 und 4	Schrittverlagerung LF rw, Oberkörper aufrecht	Shouldershake rück-vor-rück
	5–8	WH 1 – 4	
Teil B	1	li Knie beugen (auch mit Sprung auf LF), Abspreizen des re Beines nach dg rw	li Arm Seithalte, re Hand am Boden ①
	2	Sprung zur Grätschstellung, gebeugte Knie	beide Hände an den Oberschenkeln eingestützt ②
	3, 4	in der Grätschstellung bleiben	li Arm Seithalte, re Unterarm schlägt 2 x von der Schulter aus (Karate) nach vorn ③
	5	LF rw, kleiner Schritt mit »soul hip«	beide Arme Hochhalte
	6	RF rw, kleiner Schritt mit »soul hip«	Hochhalte
	7	LF rw, kleiner Schritt mit »soul hip«	Hochhalte
	8	RF kneelift x vw	Handklatsch

①

②

③

④

⑤

Red Snapper

Musik

○ Begleitplatte 2. Seite → 1.
oder andere Beatmusik; 4/4 Takt

Grundformen:

- Vierschrittige Kombinationen: vw – vw – vw – kick vw; sw – x vw – sw – tap x rw; Gehen vw
- Zweischrittige Kombinationen: Schritt sw – tap schl.; Kreuzdrehung

Aufstellung:

- Freie Aufstellung oder
- Reihenaufstellung (auch Gasse) oder
- Partner-Aufstellung im Kreis, GÜSt-Herr Front zur Wand

Tanzbeschreibung:

	Schritte			Arme/Hände	
Teil A	1	RF vw		Gegenarm	
	2	LF vw		Gegenarm	
	3	RF vw		Gegenarm	
	4	LF kick vw		Gegenarm	
	5	LF x vw		gebeugte Seithalte	①
	6	Pause			
	7	1/2 RD zur Grätsche		Hände an die Hüfte	
	8	Pause			
	9–16	WH 1–8			
Teil B	1	RF sw		Gegenarm	
	2	LF x vw		Gegenarm	
	3	RF sw		Gegenarm	
	und	LF tap x rw		klatsch	
	4			klatsch	
	5	LF sw		Handkreis	②
	6	RF tap schl.		gebeugte Vorhalte	③
	7	RF sw		Handkreis	④
	8	LF tap schl.		gebeugte Vorhalte	⑤
	9–12	WH 1–4 ggl.			
	13	RF vw	kleiner Kreis nach re	Gegenarm	
	14	LF vw		Gegenarm	
	15	RF vw		Gegenarm	
	16	LF vw		Gegenarm	

Pelican Dance

Musik

- ○ Begleitplatte 1. Seite → 7.
- ○ The Pelican Dance / By the Baronet bellaphon BF 18209! 4/4-Takt

Grundformen:

- Zweischrittige Kombination: tap schl. – Schritt sw
- Zweischrittige Kombination: Schrittverlagerung sw mit Beugen und Strecken der Arme
- Gehen vw mit weiten Schritten (Ballen flacher Fuß)
- Zweischrittige Kombination: Schrittverlagerung vw – rw mit Shouldershake

Aufstellung:

- Freie Aufstellung
- Reihen-Aufstellung (auch Gasse)
- Partner-Aufstellung im Kreis, GÜSt – Herr Front zur Wand

Tanzbeschreibung:

	Schritte		Arme	
Teil A	1	RF ball tap schl.	Seithalte rechtwinklig nach oben	①
	und	kneelift RF		②
	2	RF sw		③
	3	LF ball tap schl.		
	und	kneelift LF		
	4	LF sw		
	5–16	WH 3 x Schritte 1 – 4		
	17	Schrittverlagerung RF sw	Tiefhalte am Rücken	④
	18		Seithalte nach oben	⑤
	19		Seithalte nach unten	⑥
	20		Seithalte nach oben	⑦
	21–32	WH 3 x Schritt 17 – 20 ((LF sw, RF sw, LF sw)		
Teil B	1– 8	8 Schritte im Kreis nach re (RF beginnt)	Gegenarm	
	9 und 10	Schrittverlagerung RF vw Oberkörper leicht vorgebeugt	Shouldershake vor – rück – vor	
	11 und 12	Schrittverlagerung LF rw, Oberkörper aufrecht	Shouldershake rück – vor – rück	
	13–16	WH 9 – 12		
	17–32	WH 1 – 16		

Variation im Raumweg (für Aufstellung in der Gasse oder im Kreis):

Teil B	9–16	Schrittverlagerung zum Partner	
	17–24	Platzwechsel mit dem Partner	
	25–32	Schrittverlagerung zum Partner	
Teil B	1– 8	Platzwechsel mit dem Partner	
	9–16	Schrittverlagerung zum Partner	
	17–24	Platzwechsel mit dem Partner	u. U. Partnerwechsel
	25–32	Schrittverlagerung zum Partner	

③

②

①

④

⑤

⑥

⑦

Gesellschaftstanzformen

Zum Tanzen bei privaten und öffentlichen geselligen Veranstaltungen gehören heute Lateintänze, Standardtänze sowie Modeneuheiten von gestern und heute.

Man unterscheidet:

- Lateintänze:
  Cha-Cha-Cha – Rumba – Samba – Jive – Rock'n Roll – Boogie – Paso Doble
- Standardtänze:
  Foxtrott – Langsamer Walzer – Wiener Walzer – Tango
- Tänze von gestern und heute:
  Charleston – Polka u. a.
- Moderne Tanzformen (→ S. 50)
  Beatformen – Moderne Gruppentänze

In der Beliebtheitsskala des geselligen Tanzes stehen heute bei Jugendlichen der Jive – Rock'n Roll, der Cha-Cha-Cha und moderne Tanzformen, neuerdings auch wieder der Tango und Langsame Walzer an vorderer Stelle, während »ältere Semester« erfahrungsgemäß an den Standardtänzen mehr Freude haben.
Seit 1963 hat sich die Internationale Vereinigung der Tanzlehrer-Verbände bemüht, für die Anfänger ein Welttanzprogramm zu schaffen, damit möglichst die gleichen Tanzinhalte nach der entsprechenden Musik auf der ganzen Welt einheitlich getanzt werden.
In den folgenden Ausführungen wird eine Auswahl aus diesem festgelegten Welttanzprogramm getroffen. Zusätzlich werden aus dem Bereich der gestrigen Tänze die heute noch beliebtesten, der Charleston und die Polka beschrieben sowie bei zwei Tänzen Möglichkeiten eines Partnerwechseltanzes aufgezeigt (→ S. 78 Jive, S. 114 Charleston).

Musik:
Jeder Tanz ist mit den zugehörigen Angaben über den Rhythmus – die Taktart, Notenwerte und Zählweise – versehen. Das richtige Tempo des jeweiligen Tanzes – Anzahl der Takte pro Minute – ist bei den Schallplattenangaben bereits berücksichtigt.

Plattenvorschläge:

○ Tanz mit 1 / Hugo Strasser / Electrola C 188-30089/90, Standardtänze
○ Tanz mit 2 / Hugo Strasser / Electrola C 188-30091/92, Lateintänze
○ Tanzplatte des Jahres 75/76 / Hugo Strasser / Electrola C 062-29586
○ Strictly For Dancing / Max Greger / Polydor 2371317
○ Rock & Roll Music / Bill Haley / Metronome 201.001
○ Begleitplatte: Charleston 2. Seite → 2., Polka 1. Seite → 4.

- Bei jedem der genannten Tänze sind die wichtigsten Anfängerfiguren, die Schrittfolgen getrennt für Herr und Dame, kurz dargestellt.
- Ausgangsstellung und Tanzhaltung (siehe auch S. 15 ff Partneraufstellungen) werden bei jeder Figur angegeben. Abweichungen in der Ausgangsstellung sind bei den sog. »Stationären Tänzen«, wie Jive – Rock'n Roll – Boogie, Cha-Cha-Cha und Rumba möglich, indem die Figuren in jeder beliebiger Richtung getanzt werden können. Bei den beschriebenen Lateintänzen wird die offene Tanzhaltung, bei den Standardtänzen die geschlossene Tanzhaltung eingenommen.
- Die Fußarbeit, d. h. die Art des Schrittansatzes ist unterschiedlich, bei allen Lateintänzen (ausgenommen Paso Doble) werden die Schritte stets mit dem Fußballen, bei den Standardtänzen die Vorwärtsschritte mit der Ferse angesetzt.
- Die Lateintänze Rumba, Cha-Cha-Cha und Jive werden mit seitlicher Hüftbewegung, der Samba mit einer leichten Vor-Rückbewegung des Beckens getanzt. Die Schultern sind dabei ruhig zu halten.
- Im Lernprozeß sollten die beschriebenen Tanzfiguren zunächst genau studiert, dann ohne und später mit Musik probiert und geübt werden. Erst wenn die einzelne Figur beherrscht wird, ist zur nächstfolgenden, bzw. zu der vorgeschlagenen Figurenfolge überzugehen.

Jive – Rock'n Roll – Boogie

Rhythmus:

Triple Time (Jive) — Notenwerte / Zählweise

Double Time (Rock'n Roll) — Notenwerte / Zählweise

Single Time (Boogie) — Notenwerte / Zählweise

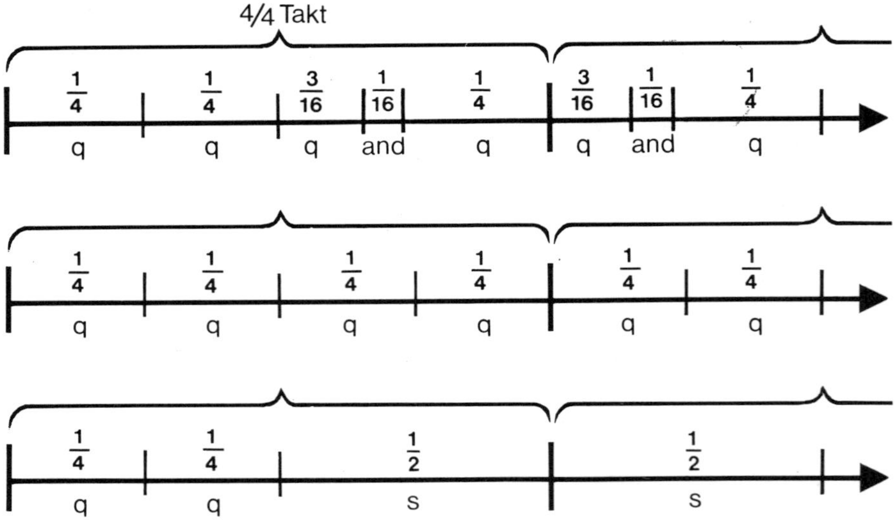

Grundschritt

Ausgangsstellung: Herr Front in TR, Dame in GÜSt, offene Tanzhaltung, gefaßte Hände in Hüfthöhe

<u>*Triple Time-Rhythmus*</u>

Grundformen: Zweischrittige Kombination: Schrittverlagerung rw – vw
Dreischrittige Kombination: Chassé sw

Schritte:	*Herr*		*Dame*		*Rhythmus*	
1	LF rw	PSt	RF rw	PSt	quick	1
2	RF bel. a. O.		LF bel. a. O.		quick	2
3	LF sw	GÜSt		GÜSt	quick	3
4	RF fast schl.				and	und
5	LF sw				quick	4
6	RF sw				quick	5
7	LF fast schl.				and	und
8	RF sw				quick	6

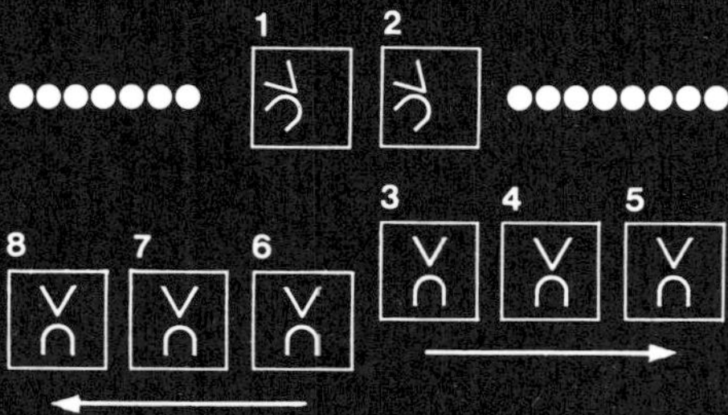

Single Time (Jive)

1

2

3

4

5

8

7

6

Double Time-Rhythmus

Grundformen:

Zweischrittige Kombination: Schrittverlagerung rw – vw
Zweischrittige Kombination: tap schl. – Schritt sw

Schritte:	*Herr*		*Dame*		*Rhythmus*	
1	LF rw	PSt	RF rw	PSt	quick	1
2	RF bel. a. O.		LF bel. a. O.		quick	2
3	LF tap schl.	GÜSt		GÜSt	quick	3
4	LF sw				quick	4
5	RF tap schl.				quick	5
6	RF sw				quick	6

Single Time-Rhythmus

Grundformen:

Zweischrittige Kombination: Schrittverlagerung rw – vw
Zweischrittige Kombination: Schrittverlagerung sw

Schritte:	*Herr*		*Dame*		*Rhythmus*	
1	LF rw	PSt	RF rw	PSt	quick	1
2	RF bel. a. O.		LF bel. a. O.		quick	2
3	LF sw	GÜSt		GÜSt	slow	3,4
4	RF sw				slow	5,6

Double Time (Rock'n Roll)

3

4

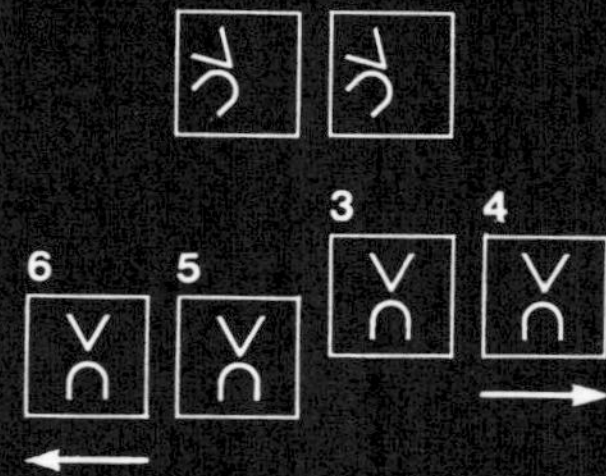

6

5

4

Single Time (Boogie)

3

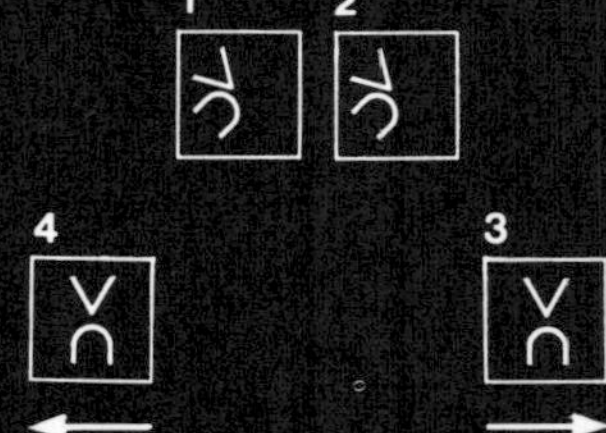

Die folgenden Figuren sind im Triple-Time-Rhythmus beschrieben, sie können jedoch auch im Double- oder Single-Time-Rhythmus getanzt werden.

Damendrehung nach rechts

Grundformen:

Zweischrittige Kombination: Schrittverlagerung rw – vw
Dreischrittige Kombination: Chassé sw
Dame: Chassé sw – vw mit ½ RD

Ausgangsstellung:

Herr Front in TR, Dame in GÜSt; offene Tanzhaltung, gefaßte Hände in Hüfthöhe

Schritte:	*Herr*		*Dame*		*Rhythmus*	
1	LF rw	PSt	RF rw	PSt	quick	1
2	RF bel. a. O.		LF bel. a. O.		quick	2
3	LF sw	GÜSt	RF sw	GÜSt	quick	3
4	RF fast schl.		LF fast schl.		and	und
5	LF sw		RF vw, ½ RD		quick	4
6	RF sw	NSt		NSt	quick	5
7	LF fast schl.				and	und
8	RF sw				quick	6

= Grundschritt

1

2

3

4

5

6

7

8

Damendrehung nach links

Grundformen:

Zweischrittige Kombination: Schrittverlagerung rw – vw
Dreischrittige Kombination: Chassé sw

Dame: Chassé sw – rw mit ½ LD

Ausgangsstellung: NSt (Linksseitstellung), offene Fassung

Schritte:	*Herr*		*Dame*		*Rhythmus*	
1	LF rw		RF rw		quick	1
2	RF bel. a. O.		LF bel. a. O.		quick	2
3	LF sw	NSt	RF sw	NSt	quick	3
4	RF fast schl.		LF fast schl.		and	und
5	LF sw		RF schräg rw 1/2 LD		quick	4
6	RF sw	GÜSt		GÜSt	quick	5
7	LF fast schl.				and	und
8	RF sw				quick	6

= Grundschritt

Figurenfolge:

Grundschritt
Damendrehung nach re
Damendrehung nach li

1 VU

2 VU

3 VU

4 VU

5 V U

8 V ∩

7 V ∩

6 V ∩

1

2

3

4

5

8

7

6

Flirt

Grundformen: Zweischrittige Kombination: Schrittverlagerung rw – vw
Dreischrittige Kombination: Chassé sw

Ausgangsstellung: NSt (Linksseitstellung), offene Fassung

Schritte:	*Herr*	*Dame*	*Rhythmus*	
1	LF rw	RF rw	quick	1
2	RF bel. a. O.	LF bel. a. O.	quick	2
3	LF sw		quick	3
4	RF fast schl.		and	und
5	LF sw		quick	4
6	RF sw		quick	5
7	LF fast schl.		and	und
8	RF sw		quick	6

= Grundschritt

Figurenfolge:

Grundschritt
Damendrehung nach rechts
Flirt
Damendrehung nach links

Jive als Partnerwechsel-Tanz

Ausgangsstellung: Partner-Aufstellung im Kreis, GÜSt, Herr Front in TR; offene Tanzhaltung, gefaßte Hände in Hüfthöhe

Figurenfolge:

I. Grundschritt
II. Damendrehung nach rechts
III. Flirt
IV. Damendrehung nach links
V. Partnerwechsel

Partnerwechsel

Schritte:	*Herr*		*Dame*		*Rhythmus*	
1	LF rw		RF rw		quick	1
2	RF bel. a. O.		LF bel. a. O.		quick	2
3	LF vw	in TR		in GTR	quick	3
4	RF fast schl.				and	und
5	LF vw				quick	4
6	RF vw				quick	5
7	LF fast schl.				and	und
8	RF vw				quick	6

Mit neuem Partner Figurenfolge von vorn beginnen.

TR

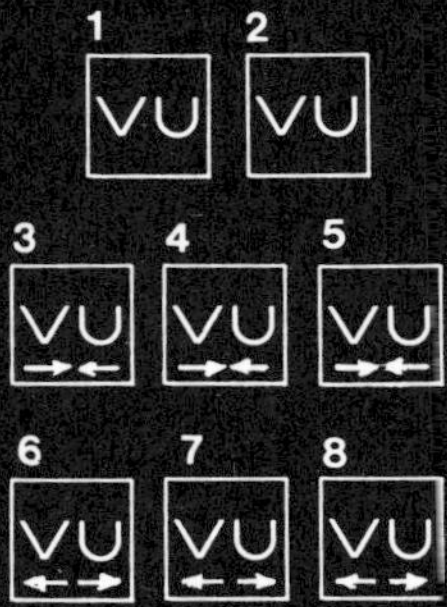
1
VU
2
VU
3
VU
4
VU
5
VU
6
VU
7
VU
8
VU

1
2
3
4
5
6
7
8

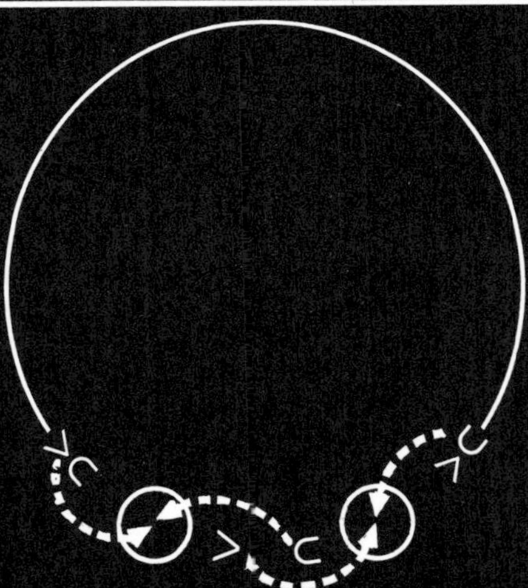

Cha-Cha-Cha

Rhythmus:

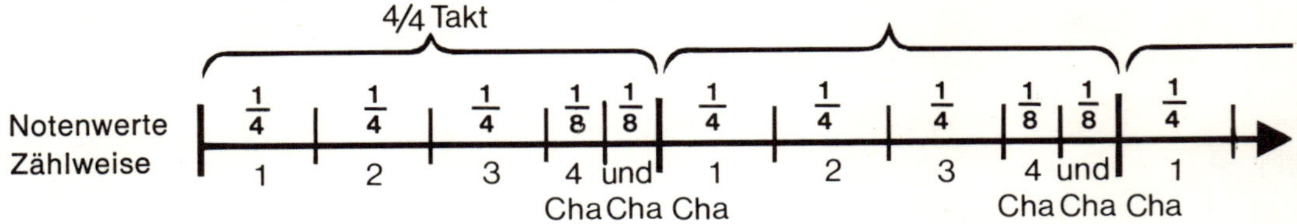

Grundschritt (oder Wiegeschritt vorwärts und rückwärts)

Grundformen: Zweischrittige Kombinationen: Schrittverlagerung vw – rw,
Schrittverlagerung rw – vw
Dreischrittige Kombination: Chassé sw (Cha-Cha-Cha)

Ausgangsstellung: Herr Front in TR, Dame in GÜSt, offene Tanzhaltung

Schritte:	*Herr*	*Dame*	*Rhythmus*
1	RF sw		1 Cha
2	LF vw		2
3	RF rw bel. a. O.		3
4	LF sw		4 Cha
5	RF fast schl.		und Cha
6	LF sw		1 Cha
7	RF rw		2
8	LF vw bel. a. O.		3
9	RF sw		4 Cha
10	LF fast schl.		und Cha

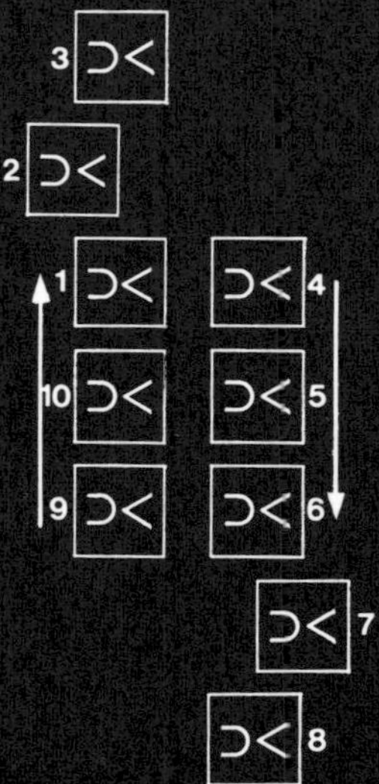
3
2
1
4
10
5
9
6
7
8

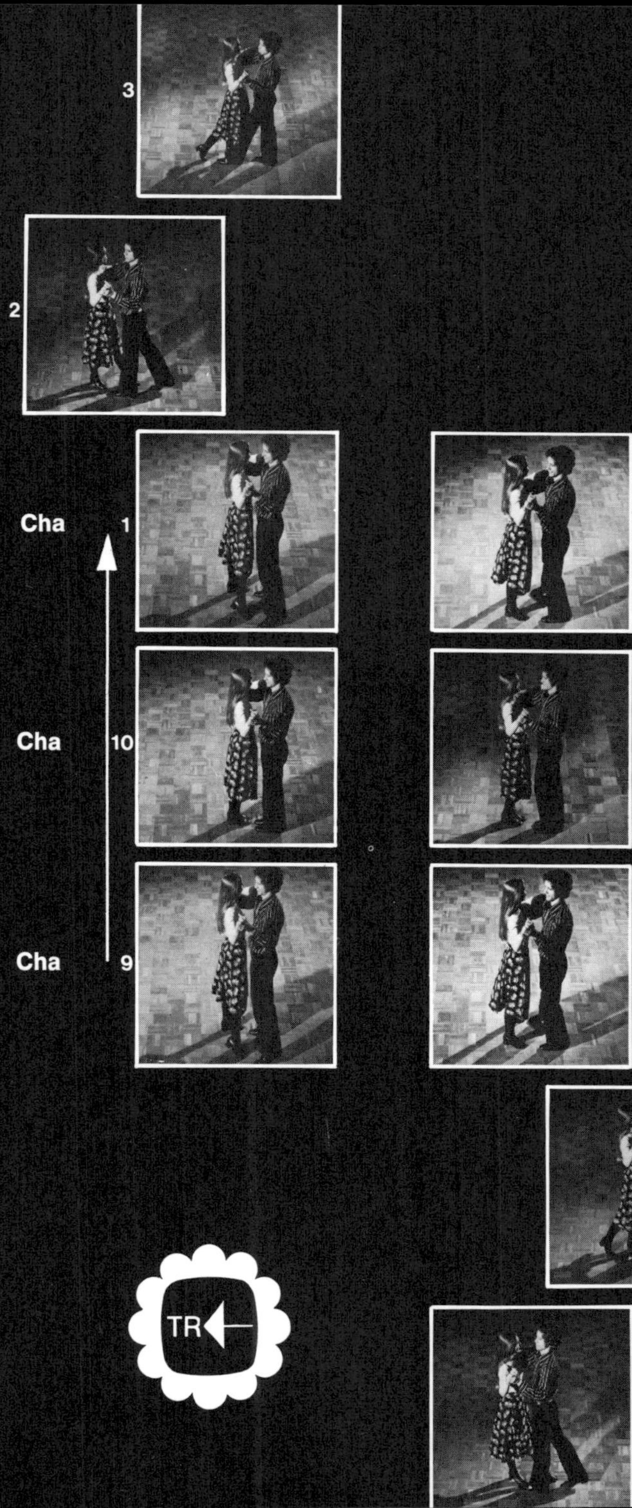
3
2
Cha
1
Cha
10
Cha
9

Wischer (oder Fächer oder Hand to Hand)

Grundformen: Zweischrittige Kombination: Schrittverlagerung rw – vw
Dreischrittige Kombination: Chassé sw

Ausgangsstellung: Herr Front in TR, Dame in GÜSt, offene Tanzhaltung; auf Schritt 2 und 7 in NSt, offene oder geschlossene Fassung

Schritte:	*Herr*	*Dame*	*Rhythmus*
1	RF sw		1 Cha
2	LF rw mit 1/4 LD in NSt		2
3	RF vw bel. a. O.		3
4	LF sw zur GÜSt 1/4 RD		4 Cha
5	RF fast schl.		und Cha
6	LF sw		1 Cha
7	RF rw mit 1/4 RD in NSt		2
8	LF vw bel. a. O.		3
9	RF sw zur GÜSt 1/4 LD		4 Cha
10	LF fast schl.		und Cha

Figurenfolge:

Grundschritt
Wischer

Gegenpromenade – Promenade (oder New York)

Grundformen: Zweischrittige Kombination: Schrittverlagerung vw – rw
Dreischrittige Kombination: Chassé sw

Ausgangsstellung: Herr Front in TR, Dame in GÜSt, offene Tanzhaltung; auf Schritt 2 und 7 in NSt, offene Fassung

Schritte:	*Herr*	*Dame*	*Rhythmus*
1	RF sw		1 Cha
2	LF vw mit 1/4 RD in NSt (GPSt)	(GPSt)	2
3	RF rw bel. a. O.		3
4	LF sw zur GÜSt 1/4 LD		4 Cha
5	RF fast schl.		und Cha
6	LF sw		1 Cha
7	RF vw mit 1/4 LD in NSt (PSt)	(PSt)	2
8	LF rw bel. a. O.		3
9	RF sw zur GÜSt 1/4 RD		4 Cha
10	LF fast schl.		und Cha

Figurenfolge:

Grundschritt
Gegenpromenade – Promenade

Grundschritt
Wischer
Gegenpromenade – Promenade

3

2

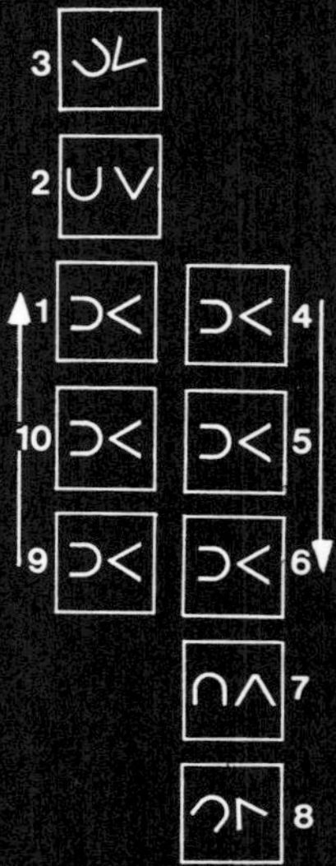

1	4
10	5
9	6

Wischer

7

8

3

2

Gegenpromenade
Promenade

1	4
10	5
9	6

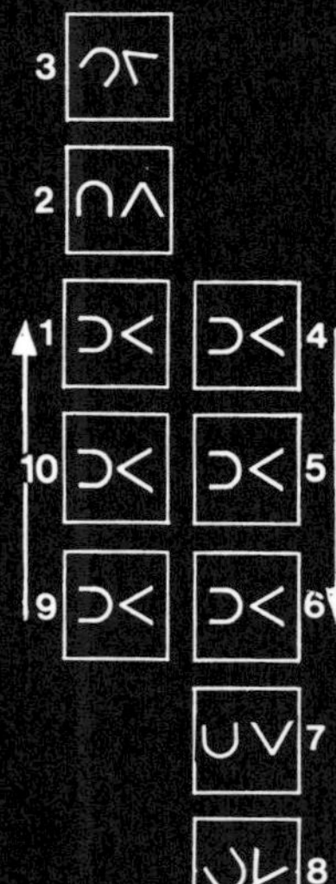

7

8

Rumba

Rhythmus: Notenwerte
Zählweise

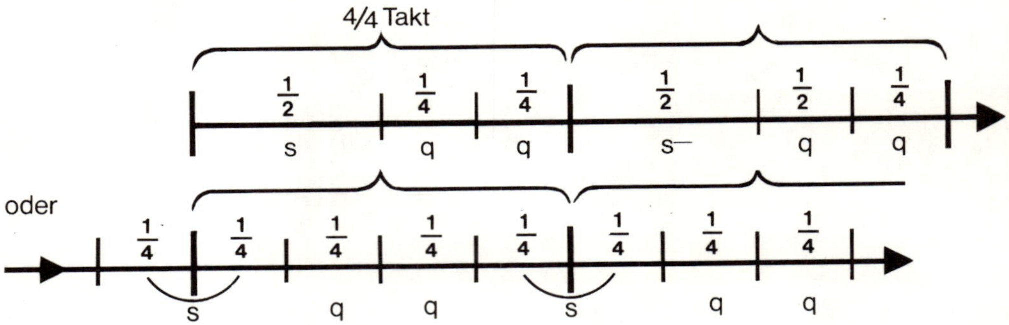

oder

Notenwerte
Zählweise

Grundschritt (oder Wiegeschritt vorwärts und rückwärts)

Grundformen: Dreischrittige Kombinationen: sw – vw – rw;
sw – rw – vw

Ausgangsstellung: Herr Front in TR, Dame in GÜSt, offene Tanzhaltung

Schritte:	*Herr*	*Dame*	*Rhythmus*	
1	RF sw		slow (1,2)	(4,1)
2	LF vw		quick (3)	(2)
3	RF rw bel. a. O.		quick (4)	(3)
4	LF sw		slow (1,2) oder	(4,1)
5	RF rw		quick (3)	(2)
6	LF vw bel. a. O.		quick (4)	(3)

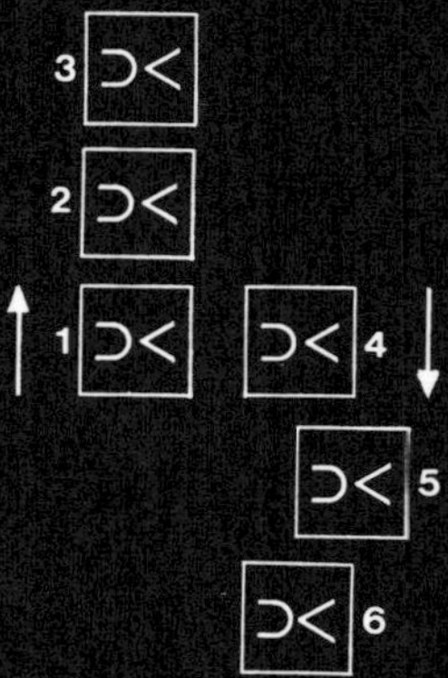

3

2

1

4

5

6

Wischer (oder Hand to Hand)

Grundform: Dreischrittige Kombination: sw – rw – vw

Ausgangsstellung: Herr Front in TR, Dame in GÜSt, offene Tanzhaltung; auf Schritt 2 und 7 in NSt, offene oder geschlossene Fassung

Schritte:	*Herr*	*Dame*	*Rhythmus*	
1	RF sw		slow (1,2) oder	(4,1)
2	LF rw mit 1/4 LD in NSt		quick (3)	(2)
3	RF vw bel. a. O. mit 1/4 RD		quick (4)	(3)
4	LF sw		slow (1,2)	(4,1)
5	RF rw mit 1/4 RD in NSt		quick (3)	(2)
6	LF vw bel. a. O. mit 1/4 LD		quick (4)	(3)

Figurenfolge:

Grundschritt
Wischer

Gegenpromenade – Promenade (oder New York)

Grundform: Dreischrittige Kombination: sw – vw – rw

Ausgangsstellung: Herr Front in TR, Dame in GÜSt, offene Tanzhaltung; auf Schritt 2 und 7 in NSt, offene Fassung

Schritte:	*Herr*	*Dame*	*Rhythmus*	
1	RF sw		slow (1,2) oder	(4,1)
2	LF vw mit 1/4 RD in NSt (GPSt)	(GPSt)	quick (3)	(2)
3	RF rw bel. a. O. mit 1/4 LD		quick (4)	(3)
4	LF sw		slow (1,2)	(4,1)
5	RF vw mit 1/4 LD in NSt (PSt)	(PSt)	quick (3)	(2)
6	LF rw bel. a. O. mit 1/4 RD		quick (4)	(3)

Figurenfolge:

Grundschritt
Gegenpromenade – Promenade

Grundschritt
Wischer
Gegenpromenade – Promenade

Wischer

3

2

1

4

5

6

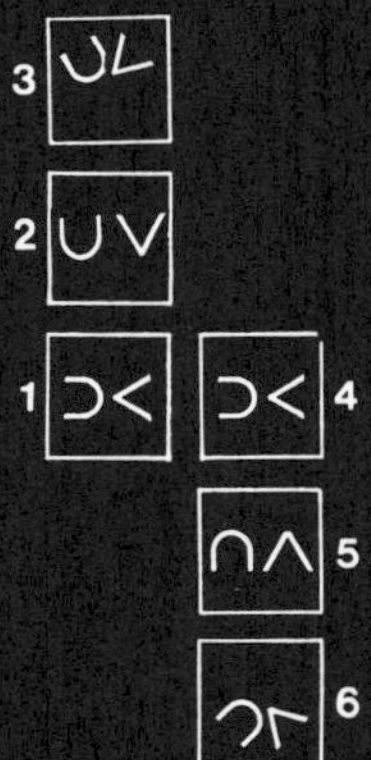

Gegenpromenade
Promenade

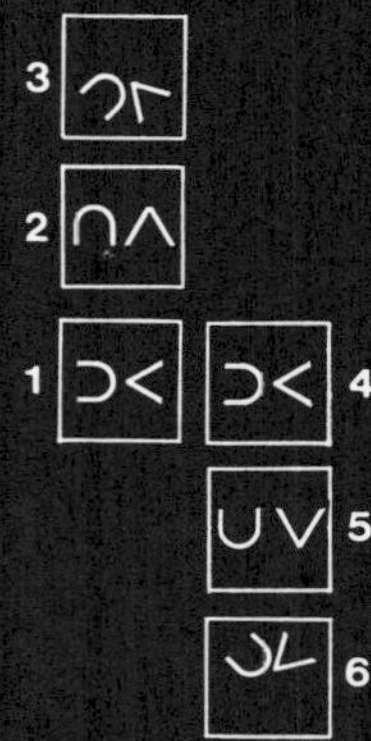

3

2

1

4

5

6

Samba

Rhythmus:

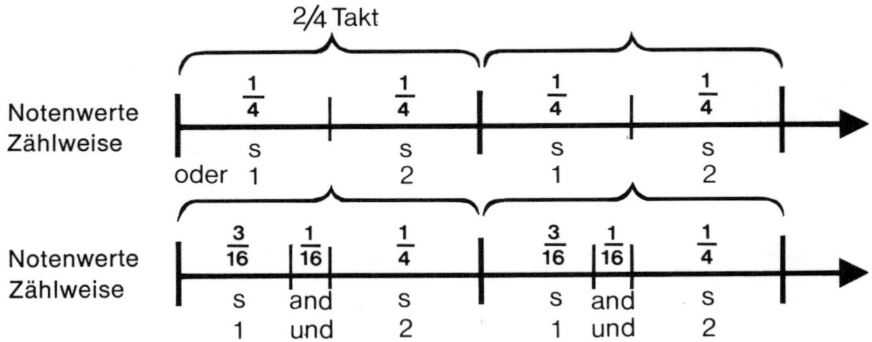

Grundschritt RF

Ausgangsstellung: Herr Front zur Wand, Dame in GÜSt; offene Tanzhaltung

slow-slow Rhythmus

Grundformen: Zweischrittige Kombinationen: Schritt vw — tap schl.; Schritt rw — tap schl.

Schritte:	*Herr*	*Dame*	*Rhythmus*	
1	RF vw		slow	1
2	LF tap schl.		slow	2
3	LF rw		slow	1
4	RF tap schl.		slow	2

oder

slow and slow Rhythmus

Grundformen: Dreischrittige Kombinationen: vw – schl. – a. O.; rw – schl. – a. O. (mit „Bounce-Bewegung"; wird erreicht durch das Beugen und Strecken der Knie in Verbindung mit dem Heben und Senken der Ferse).

Schritte:	*Herr*	*Dame*	*Rhythmus*	
1	RF vw		slow	1
2	LF schl.		and	und
3	RF bel. a. O.		slow	2
4	LF rw		slow	1
5	RF schl.		and	und
6	LF bel. a. o.		slow	2

Grundschritt — Rechtsdrehung Der Grundschritt RF (Schritte 1–4 bzw. 1–6) wird viermal für eine 1/1 Rechtsdrehung getanzt.

slow-slow Rhythmus

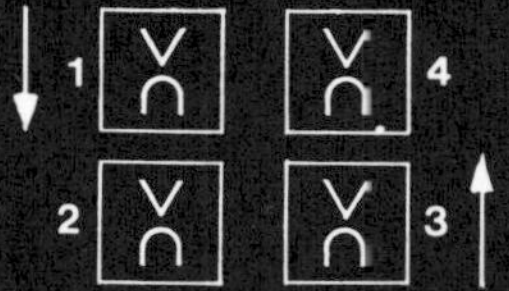

1

4

2

3

slow and slow Rhythmus

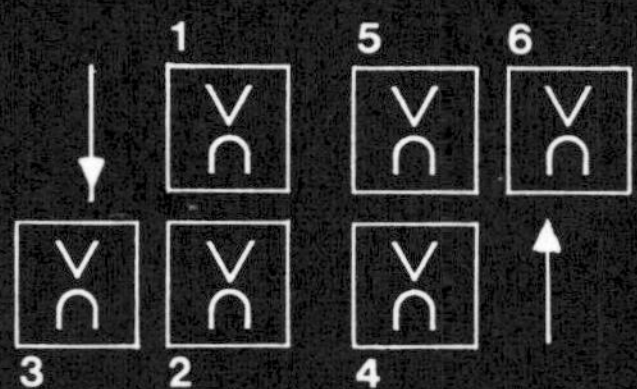

1

5

6

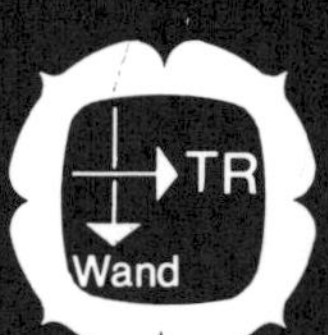

3

2

4

Wischer nach rechts und nach links

Grundform: Dreischrittige Kombination: sw — x rw — a. O. (»Bounce-Bewegung«)

Ausgangsstellung: Herr Front zur Wand, Dame in GÜSt, offene Tanzhaltung

Schritte:	*Herr*	*Dame*	*Rhythmus*	
1	RF sw		slow	1
2	LF x rw		and	und
3	RF bel. a. O.		slow	2
4	LF sw		slow	1
5	RF x rw		and	und
6	LF bel. a. O.		slow	2

Figurenfolge:

Grundschritt 2 x oder Grundschritt-RD 1 x,
Wischer nach rechts und nach links 2 x

Promenade (Samba-Schritte in Promenadenstellung)

Grundform: Dreischrittige Kombination: vw — rw — gleiten (»Bounce-Bewegung«)

Ausgangsstellung: Herr Front zur Wand, Dame in GÜSt, offene Tanzhaltung; mit Schritt 1 in Promenadenstellung

Schritte:	*Herr*	*Dame*	*Rhythmus*	
1	LF vw		slow	1
2	RF rw, kleiner Schritt		and	und
3	LF etwas rw gleiten		slow	2
4	RF vw		slow	1
5	LF rw, kleiner Schritt		and	und
6	RF etwas rw gleiten		slow	2

Figurenfolge:

Grundschritt 2 x oder
Grundschritt RD 1 x
Wischer nach rechts und nach links 1 x
Wischer nach rechts 1 x
Promenade 2 x
Wischer nach links 1 x
Wischer nach rechts und nach links 1 x

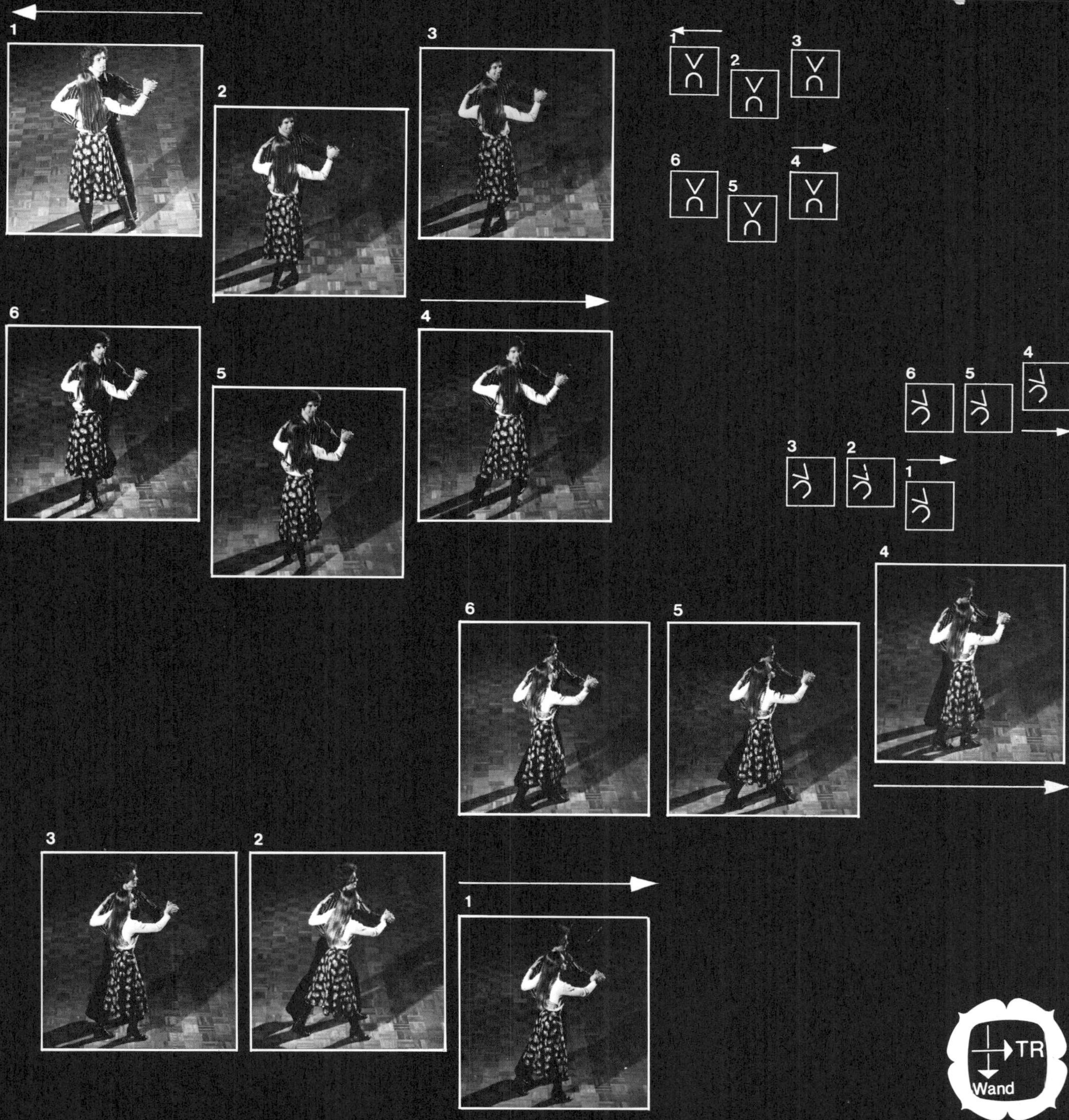
TR
Wand

Langsamer Walzer

Rhythmus: Notenwerte / Zählweise

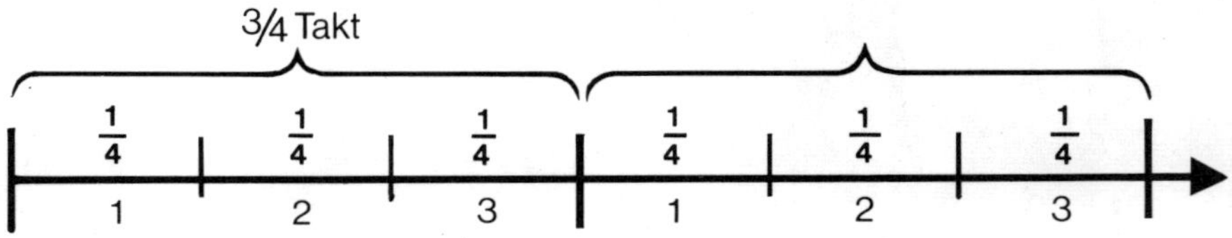

Grundschritt (oder Geschlossener Übergang RF bzw. LF)

Grundformen: Dreischrittige Kombinationen:
Herr: vw – sw – schl.
Dame: rw – sw – schl.

Ausgangsstellung: Herr Front in TR, Dame in GÜSt, enge Tanzhaltung

Schritte:	*Herr*	*Dame*	*Rhythmus*
1	RF vw	LF rw	1
2	LF sw	RF sw	2
3	RF schl.	LF schl.	3
4	LF vw	RF rw	1
5	RF sw	LF sw	2
6	LF schl.	RF schl.	3

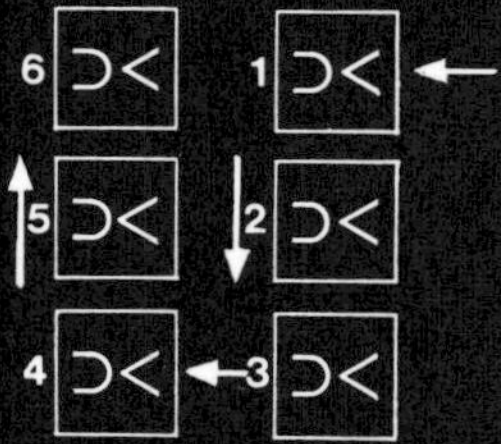

6

1

5

2

4

3

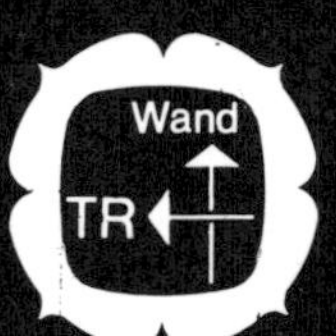

Rechtsdrehung

Grundformen: Dreischrittige Kombinationen: vw – sw – schl. mit ½ RD;
rw – sw – schl. mit ½ RD

Ausgangsstellung: Herr Front in TR, Dame in GÜSt, enge Tanzhaltung

Schritte:	*Herr*		*Dame*	*Rhythmus*
1	RF (dg) vw	½ RD		1
2	LF sw			2
3	RF schl.			3
4	LF (dg) rw	½ RD		1
5	RF sw			2
6	LF schl.			3

Figurenfolge:

Grundschritt	1 – 6
Rechtsdrehung	1 – 6

Linksdrehung

Grundformen: Dreischrittige Kombinationen: vw – sw – schl. mit ½ LD;
rw – sw – schl. mit ½ LD

Ausgangsstellung: Herr Front in TR, Dame in GÜSt, enge Tanzhaltung

Schritte:	*Herr*		*Dame*	*Rhythmus*
1	LF (dg) vw	½ LD		1
2	RF sw			2
3	LF schl.			3
4	RF (dg) rw	½ LD		1
5	LF sw			2
6	RF schl.			3

Figurenfolge:

Grundschritt RF	1 – 3
Linksdrehung	1 – 6
Grundschritt LF	4 – 6
Rechtsdrehung	1 – 6
Grundschritt RF	1 – 3
Linksdrehung	1 – 6
Grundschritt LF	4 – 6

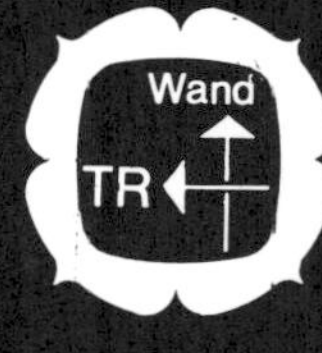

1

2

3

4

5

6

Linksdrehung

6 5 4 3 2 1

Rechtsdrehung

6 5 4 3 2 1

6

5

4

3

2

1

Wiener Walzer

Rhythmus: Notenwerte / Zählweise

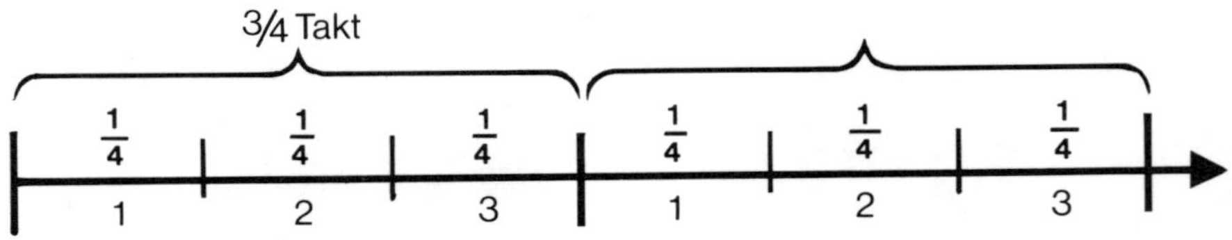

Rechtsdrehung

Grundformen: Dreischrittige Kombinationen: vw – sw – schl. mit ½ RD;
rw – sw – schl. mit ½ RD

Ausgangsstellung: Herr Front in TR, Dame in GÜSt, enge Tanzhaltung

Schritte:	*Herr*		*Dame*	*Rhythmus*
1	RF (dg) vw	½ RD		1
2	LF sw			2
3	RF schl.			3
4	LF (dg) rw	½ RD		1
5	RF sw			2
6	LF schl.			3

Bilder *Rechtsdrehung* → S. 95

Linksdrehung

Grundformen: Dreischrittige Kombinationen: vw – sw – x vw mit ½ LD;
rw – sw – schl. mit ½ LD

Ausgangsstellung: Herr Front in TR, Dame in GÜSt, enge Tanzhaltung

Schritte:	*Herr*		*Dame*	*Rhythmus*
1	LF (dg) vw	½ LD		1
2	RF sw			2
3	LF x vw o. schl.			3
4	RF (dg) rw	½ LD		1
5	LF sw			2
6	RF schl.			3

Bilder *Linksdrehung* → S. 95

Pendelschritte seitwärts

Grundform: Zweischrittige Kombination: Schritt sw – Pendel sw

Ausgangsstellung: Herr Front in TR, Dame in GÜSt, enge Tanzhaltung

Schritte:	*Herr*	*Dame*	*Rhythmus*
1	RF sw		1
2	LF pendelt zu RF		2
–	Gewicht auf RF lassen		3
3	LF sw		1
4	RF pendelt zu LF		2
–	Gewicht auf LF lassen		3

Figurenvorschlag:

Rechtsdrehungen
Pendelschritte
Linksdrehungen
Pendelschritte

jede Figur beliebig oft

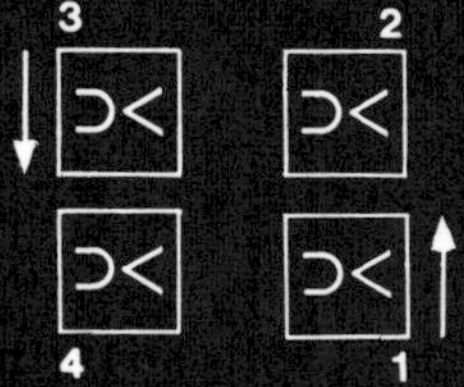

3

2

4

1

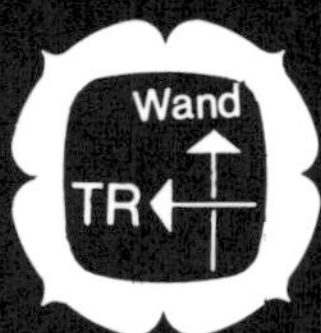

Pendelschritt li. **Linksdrehung** **Pendelschritt re.** **Rechtsdrehung**

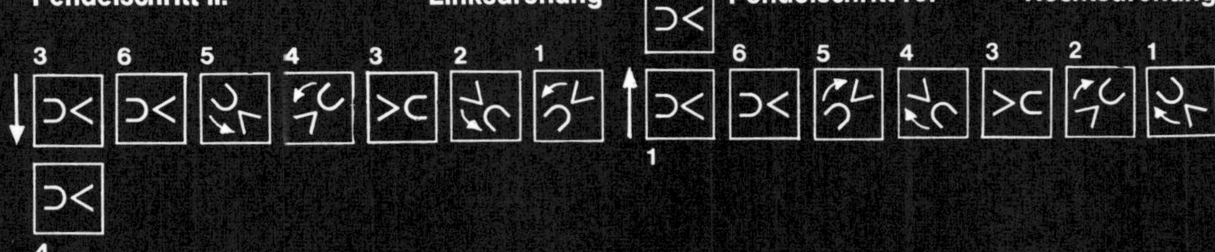

Foxtrott

Rhythmus: Notenwerte / Zählweise

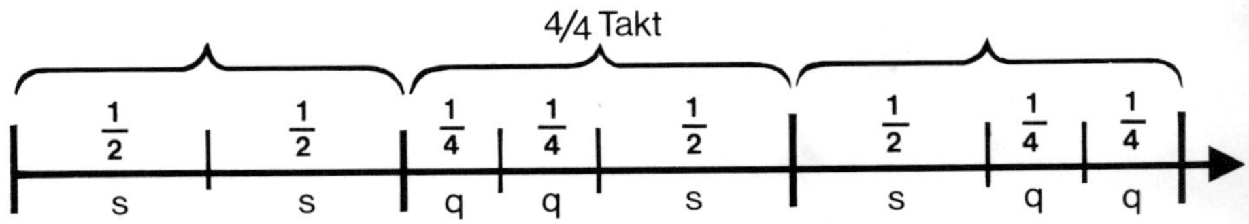

Grundschritt (auch Vierteldrehungen nach rechts und links genannt, wenn bei Schritt 1 der Herr mit Front schräg zur Wand beginnt und auf Schritt 3 $^1/_4$ RD und auf Schritt 7 $^1/_4$ LD macht, Dame ggl.)

Grundformen: Vierschrittige Kombinationen: vw – vw – sw – schl., rw – rw – sw – schl.

Ausgangsstellung: Herr Front zur Wand, Dame in GÜSt, enge Tanzhaltung

Schritte:	*Herr*	*Dame*	*Rhythmus*
1	LF vw	RF rw	slow
2	RF vw	LF rw	slow
3	LF sw	RF sw	quick
4	RF schl.	LF schl.	quick
5	LF rw	RF vw	slow
6	RF rw	LF vw	slow
7	LF sw	RF sw	quick
8	RF schl.	LF schl.	quick

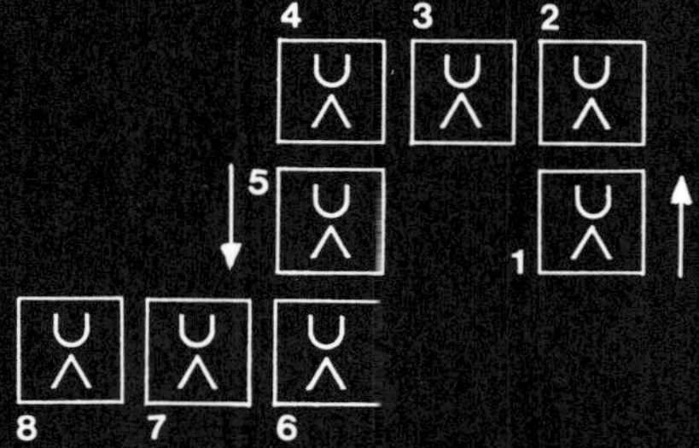

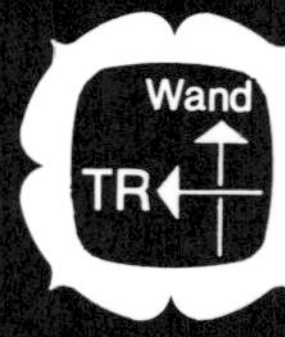

1

2

3

4

5

6

7

8

Rechtsachsendrehung (oder Wiegeschritt – Rechtsdrehung)

Grundformen: Vierschrittige Kombinationen: vw – vw – sw – schl.; rw – rw – sw – schl.; Rechtsachsendrehung

Ausgangsstellung: Herr Front zur Wand, Dame in GÜSt, enge Tanzhaltung

Schritte:

	Herr		*Dame*		*Rhythmus*
1	LF vw	1/4 RD	RF rw	1/4 RD	slow
2	RF vw		LF rw		slow
3	LF sw		RF sw		quick
4	RF schl.		LF schl.		quick
5	LF dg rw	3/4 RD	RF vw zwischen die Füße des Herrn	3/4 RD	slow
6	RF vw bel.		LF vw		slow
7	LF sw		RF sw		quick
8	RF schl.		LF schl.		quick
9	LF rw		RF vw		slow
10	RF rw		LF vw		slow
11	LF sw		RF sw		quick
12	RF schl.		LF schl.		quick

Figurenfolge:

Grundschritt	1 – 8
Rechtsachsendrehung	1 – 12

Wand
TR
1
2
3
4
5
6
7
8
9
10
11
12

Tango

Rhythmus: Notenwerte / Zählweise

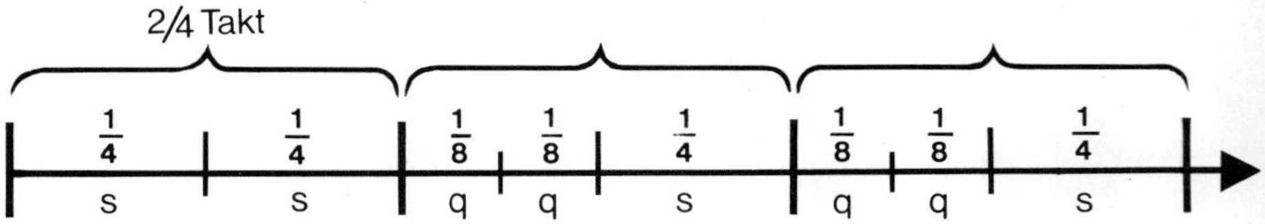

2 Gehschritte — Kette — Promenade

Grundformen:

Zweischrittige Kombinationen:
Herr: vw — vw; vw — schl. (Kette)
Dame: rw — rw; rw — schl. (Kette)
Vierschrittige Kombination: sw — x vw — sw — schl. (Promenade)

Ausgangsstellung:

Herr Front schräg zur Wand, Dame in GÜSt, enge Tanzhaltung,
(Dame: linke Hand unter dem rechten Oberarm des Herrn)

Schritte:	*Herr*	*Dame*		*Rhythmus*
1	LF vw	RF rw		slow 1
2	RF vw	LF rw		slow 2
3	LF vw	RF rw	1/4 RD	quick 3
4	RF schl.	LF schl.		quick und
5	LF sw in PSt	RF sw in PSt		slow 4
6	RF x vw in PSt	LF x vw in PSt	1/4 LD	quick 5
7	LF sw	RF sw		quick und
8	RF schl., GÜSt	LF schl., GÜSt		slow 6

1

2

3

4

5

6

7

8

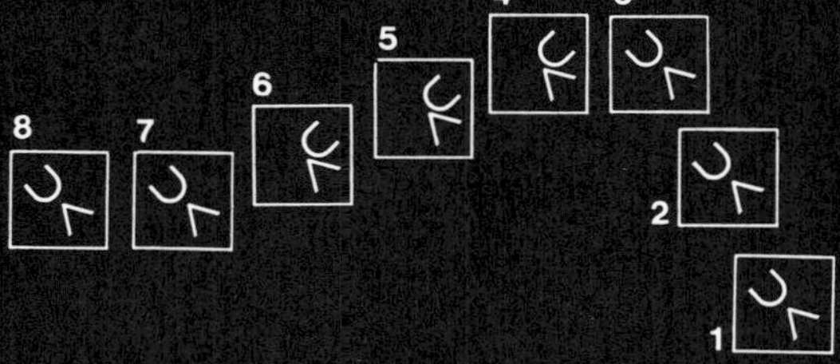

Wiegeschrittdrehung (oder 2 Gehschritte – Wiegeschritt – Abschlußschritt)

Grundformen:

Zweischrittige Kombinationen:
Herr: vw – vw
Dame: rw – rw

Dreischrittige Kombinationen:
Herr: Schrittverlagerung rw – vw – rw (Wiegeschritt);
rw – sw – schl. (Abschlußschritt)
Dame: Schrittverlagerung vw – rw – vw (Wiegeschritt);
vw – sw – schl. (Abschlußschritt)

Ausgangsstellung: Herr Front schräg zur Wand, Dame in GÜSt, enge Tanzhaltung

Schritte:	*Herr*		*Dame*		*Rhythmus*
1	LF vw		RF rw		slow 1
2	RF vw	1/4 RD	LF rw	1/4 RD	slow 2
3	LF dg rw		RF dg vw		quick 3
4	RF bel. vw		LF bel. rw		quick und
5	LF rw		RF vw		slow 4
6	RF rw	1/4 LD	LF vw	1/4 LD	quick 5
7	LF sw		RF sw		quick und
8	RF schl.		LF schl.		slow 6

Figurenfolge:

2 Gehschritte – Kette – Promenade
Wiegeschrittdrehung

1

2

3

4

5

6

7

8

Charleston

Rhythmus: Notenwerte / Zählweise

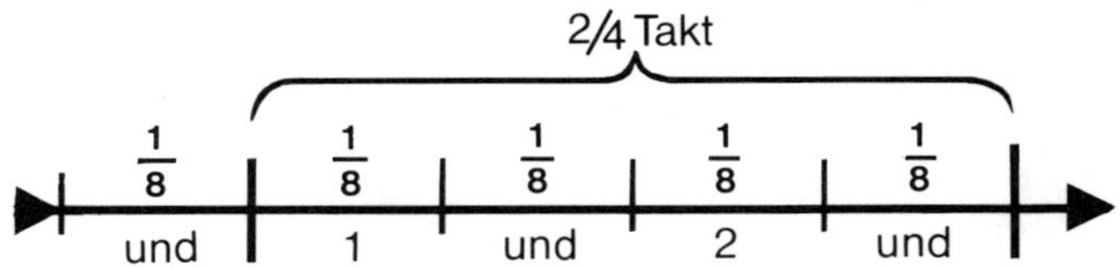

Grundschritt sw

Grundform: Zweischrittige Kombination: sw – tap a. O.

Ausgangsstellung: Herr Front zur Wand, Dame in GÜSt, offene Tanzhaltung

Schritte:	*Herr*	*Dame*	*Rhythmus*
Auftakt	LF bel. RF heben	RF bel. LF heben	und
1	RF sw		1
–	LF heben		und
2	LF tap		2
–	LF heben		und
3	LF sw		1
–	RF heben		und
4	RF tap		2
–	RF heben		und

Füße

 = beide Knie gebeugt
beide FSpi nach innen

 = beide Knie gestreckt
beide FSpi nach außen

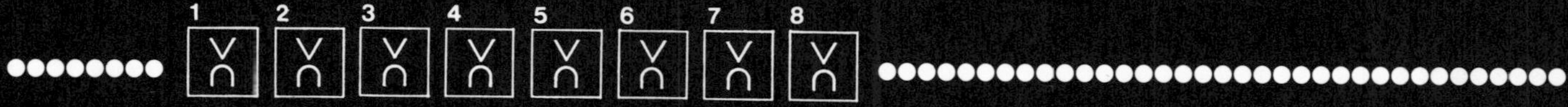
1 2 3 4 5 6 7 8

1 2 3 4 5 6 7 8

Grundschritt vw — rw

Grundformen: Zweischrittige Kombinationen: vw — tap vw; rw — tap rw

Ausgangsstellung: Herr Front zur Wand, Dame in GÜSt, offene Tanzhaltung

Schritte:	*Herr*	*Dame*	*Füße*	*Rhythmus*
Auftakt	LF bel. RF heben	RF bel. LF heben		und
1	RF vw			1
—	LF heben			und
2	LF tap vw			2
—	LF heben			und
3	LF rw			1
—	RF heben			und
4	RF tap rw			2
—	RF heben			und

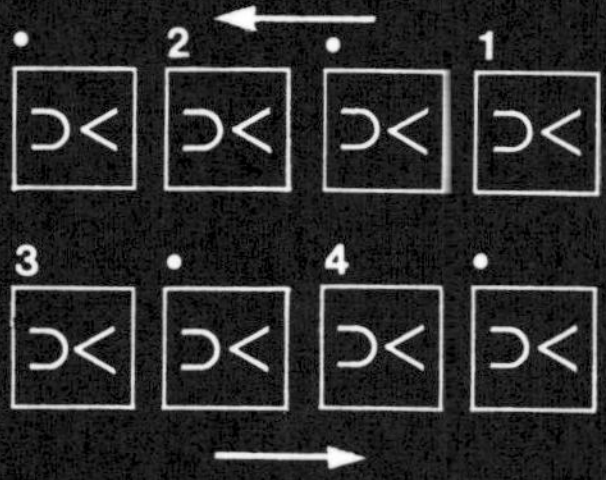
2
1
3
4

2
1
3
4

Grundschritt – Rechtsdrehung

Der *Grundschritt vw – rw* (Schritt 1–4) wird viermal für eine 1/1-Rechtsdrehung getanzt.

Rundgang rechter Arm

Grundform: Charleston – Schritte vw

Ausgangsstellung: Herr Front zur Wand, Dame in GÜSt, eingehakte Fassung re

Schritte:	*Herr*	*Dame*	*Füße*	*Rhythmus*
Auftakt	LF bel. RF heben	RF bel. LF heben		und
1	RF vw	LF vw		1
–	LF heben	RF heben		und
2	LF vw	RF vw		2
–	RF heben	LF heben		und
3 – 8	3 x WH 1 – 2			

Rundgang linker Arm

ggl. zu Rundgang rechter Arm

Stomp (langsam oder schnell)

Grundform: Beidbeinige Rutschbewegung nach links und nach rechts

Ausgangsstellung: Herr Front zur Wand, Dame in GÜSt, ohne oder mit offener Tanzhaltung

Schritte:	*Herr und Dame*	*Rhythmus*
1	Stomp nach dg li vw	1
2	Stomp rw, FSpi geradeaus	2
3	Stomp nach dg re vw	3
4	Stomp rw, FSpi geradeaus	4

Stomp langsam: 2 x Schritte 1 – 4
Stomp schnell: 4 x Schritte 1 – 4

Figurenfolge:

Grundschritt sw oder vw – rw 2 x	1 – 4
Rundgang rechter Arm	1 – 8
Rundgang linker Arm	1 – 8
Stomp langsam	2 x 1 – 4
oder schnell	4 x 1 – 4

4 3 2 1

4

3

2

1

Charleston als Partnerwechsel - Tanz

Ausgangsstellung: Partner-Aufstellung im Kreis, GÜSt, Herr Front zur Wand; offene Tanzhaltung

Figurenfolgen:

I.	Stomp langsam	2 x Schritt	1 – 4
II.	Rundgang rechter Arm		1 – 8
III.	Rundgang linker Arm		1 – 8
IV.	Partnerwechsel		1 – 8

I.	Stomp langsam	2 x Schritt	1 – 4
II.	Grundschritt sw oder vw – rw	2 x	1 – 4
III.	Rundgang rechter Arm		1 – 8
IV.	Rundgang linker Arm		1 – 8
V.	Stomp schnell	4 x	1 – 4
VI.	Partnerwechsel		1 – 8

Partnerwechsel

Herr: 8 Charleston-Schritte vw mit 1/1 LD a. O.
Dame: 8 Charleston-Schritte vw mit 1/1 RD, in GTR zum nächsten Partner

Polka

Rhythmus:

		2/4 Takt						
Notenwerte	1/8	1/8	1/8	1/8	1/8	1/8	1/8	1/8
Zählweise	hupf	1	und	2	hupf	1	und	2

Polka-Schritt

Grundformen: Vierschrittige Kombination: hupf – sw – schl. – vw (Wechselschritt sw); hupf – sw – schl. – rw (Wechselschritt sw)

Aufstellung: Polkarundtanz:
Herr Front zur Wand, Dame in GÜSt, Tanzhaltung

Schritte:	*Herr*		*Dame*		*Rhythmus*
Auftakt	RF hupf		LF hupf		und (hupf)
1	LF sw	¹/₂ RD		PSt	1
2	RF schl.				und
3	LF rw				2
4	LF hupf				und (hupf)
5	RF sw	¹/₂ RD		GPSt	1
6	LF schl.				und
7	RF vw				2
8	RF hupf				und (hupf)

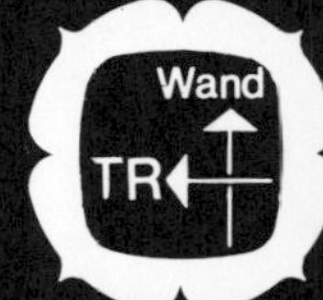

Folkloristische Tanzformen

Aus dem umfangreichen Bereich der internationalen Tanzfolklore sollen hier nur zwei charakteristische Tanzstile ausgewählt werden, die auf Grund der großen Kommunikationsmöglichkeiten einen geselligen Rahmen schaffen und jung und alt viel Freude bereiten können:
der nordamerikanische Mixer-Stil
und
der südosteuropäische Kolo-Stil.

Beispiele im nordamerikanischen Mixer-Stil

Innerhalb der nordamerikanischen Tanzfolklore ist zu unterscheiden zwischen typischen Tanzfiguren und deren Anwendung im freien Tanzen und in festgelegten Tänzen. Diese Tanzformen können in verschiedenen Partner- und Gruppenaufstellungen erfolgen, als
Round Dances in Kreisaufstellung,
Contra Dances in Gassenaufstellung,
Square Dances in Viereckaufstellung.

Als Mixer mit ständigem Figuren- und Partnerwechsel getanzt, fördern sie Bewegungssicherheit und Kontaktfreudigkeit. Eine dominierende Rolle spielt dabei der »Caller«, der als Tanzleiter die Figuren in freier Weise oder nach einer festgelegten Tanzbeschreibung ansagt.
Im folgenden werden zunächst die wichtigsten Tanzfiguren beschrieben; sie setzen sich passend zur klar gegliederten Folklore-Musik meist aus 8 Schritten zusammen. Für den Lernenden ist es ratsam, sich zunächst mit diesen Grundfiguren vertraut zu machen und dann dieselben in der unter den Anwendungsmöglichkeiten (S. 120) angeführten Reihenfolge oder auch nach eigenen Vorstellungen im freien Tanzen anzuwenden.
Darüber hinaus sind anschließend noch einige einfache nordamerikanische Tänze zusammengestellt, die mit Hilfe der angegebenen Schallplatten sowie der dazugehörigen Tanzbeschreibungen leicht erlernbar sind.

Musik
Taktart: 4/4 Takt

Plattenvorschläge:
Universalmelodien mit klarer Phrasierung:
○ Begleitplatte 2. Seite, → 3.
○ Mountain Music/TOP 25 031
○ Old Fashioned Girl; Hurry-Hurry-Hurry/SP 23 105
○ Petronella/EP 58 702
○ Phrase Craze; Pavalon Stomp/SP 23 204

EP und SP = Sonderpressungen
Verlag Walter Kögler (→ S. 143)

Tanzfiguren
(in alphabetischer Reihenfolge)

Allemande (oder Handtour)
Ausgangsstellung:
Partner-Gegeneinanderstellung

Allemande Right:
Einhandfassung re
Allemande Left:
Einhandfassung li;
} Unterarm senkrecht nach oben

Schritte:
8 Schritte vw im 1/1 Rechtskreis oder 1/1 Linkskreis

Balance

Grundform:
Zweischrittige Kombination:
Schritt sw – tap schl. oder tap x vw

Ausgangsstellung:
Partner-NSt (Rechtsseitstellung) im Innenstirnkreis ohne oder mit Handfassung

Schritte:

1	LF sw
2	RF tap schl. oder tap x vw
3	RF sw
4	LF tap schl. oder tap x vw
5 – 8	WH 1 – 4

Chain (oder Kette)

Grand Chain ①

(oder *Grand Right and Left* oder *Kette im großen Kreis)*

Ausgangsstellung:
Partner-Aufstellung im Kreis, Herr Front in TR, Dame in GÜSt; Einhandfassung re (auch Unterarmfassung)

Schritte:

1	LF vw	Einhandfassung re, Partner rechtsschultrig aneinander vorbei
2	RF vw	
3	LF vw	Einhandfassung li, Partner linksschultrig aneinander vorbei
4	RF vw	

5 – 8 WH 1 – 4

Die Grand Chain wird meist mit 16 Schritten bis zum 8. Partner (einschl. des eigenen) getanzt.

Ladie's Chain (oder Damenkette)

Ausgangsstellung:
Zwei Paare in GÜSt, Rechtsseitstellung

Schritte:

1 LF vw 2 RF vw	Einhandfassung re mit gegenüberstehender Dame, rechtsschultrig aneinander vorbei
3 LF vw 4 RF vw	Einhandfassung li mit gegenüberstehendem Herrn
5 LF vw 6 RF vw 7 LF vw 8 RF vw	Dame wird im Halbkreis li vom Herrn herumgeführt; Herr $^1/_1$ LD a. O., Hüftfassung re bei der Dame

9–16 WH 1–8, zum Ausgangsort

Circle (oder Kreis) ②

Ausgangsstellung:
Innenstirnkreis, Handfassung

Schritte:
Circle Left
8 oder 16 Schritte vw im Kreis nach links (GTR)

Circle Right
8 oder 16 Schritte vw im Kreis nach rechts (TR)

Dosido (oder Dosado, auch Back to Back)

Ausgangsstellung:
Partner GÜSt, ohne Fassung; Unterarme in der Vorhalte verschränkt

Schritte:

1 LF vw 2 RF vw 3 LF vw 4 RF vw	Partner rechtsschultrig im Halbkreis aneinander vorbei, ohne Frontveränderung (Rücken an Rücken),
5 LF rw 6 RF rw 7 LF rw 8 RF rw	Partner linksschultrig im Halbkreis aneinander vorbei, ohne Frontveränderung

①

②

③

④

Forward and Back

Ausgangsstellung:
Innenstirnkreis ohne oder mit Handfassung ③
oder:
Zwei Paare in GÜSt (Rechtsseitstellung) ④

Schritte:

	oder:
1 LF vw	LF vw
2 RF vw	RF vw
3 LF vw	LF vw
4 RF vw	RF tap schl. oder kick vw
5 LF rw	RF rw
6 RF rw	LF rw
7 LF rw	RF rw
8 RF rw	LF tap schl.

Promenade

<u>*Promenade einzeln:*</u>

Flankenkreis re (Front in TR), Dame geht vor ihrem Partner; ohne Fassung

<u>*Promenade paarweise:*</u>

Partner-Aufstellung im Kreis, Front in TR

in
- NSt (Rechtsseitstellung) mit offener Fassung, Arme in Schulterhöhe gebeugt

oder
- seitlicher Hintereinanderstellung, Zweihandfassung in Schulterhöhe ⑤

Schritte:
8 oder 16 Schritte vw in TR

⑤

Right and Left Through (oder Platzwechsel)

Ausgangsstellung:
Zwei Paare in GÜSt, Rechtsseitstellung
Schritte:

1 LF vw 2 RF vw 3 LF vw 4 RF vw	Paare gehen aufeinander zu, Einhandfassung re mit dem gegüberstehenden Partner, rechtsschultrig aneinander vorbei
5 LF vw 6 RF vw 7 LF vw 8 RF vw	Einhandfassung li mit dem eigenen Partner; Dame wird im Halbkreis li vom Herrn herumgeführt, Herr 1/1 LD a. O., Hüftfassung re bei der Dame
9–16	WH 1–8, zum Ausgangsort

Star (= Stern)

Ausgangsstellung:
Flankenkreis, Handgelenkfassung

Right Hand Star:
Die rechten Innenhände fassen jeweils das Handgelenk des Vordertänzers

Left Hand Star: ggl.

Schritte:
8 oder 16 Schritte vw in TR oder GTR

Swing

Grundform:
Swingschritt: Rechtsdrehung um den RF, dabei jeweils Abstoß vom LF; federnde Auf- und Abwärtsbewegung des RF

Ausgangsstellung:
Partner GÜSt, in Schrittstellung (RF vw),
Tanzhaltung oder
Einhandfassung li und Schulterfassung re

Schritte:		*Rhythmus*
1 RF vw	in Schrittstellung re Außenkante an re Außenkante des Partners	1
2 LF rw	leicht sw mit halbem Gewicht auf Ballen; RF auf Ballen	und
3 RF bel. a. O.	(re Ferse senken, etwas li sw)	2
4	wie 2	und
5–16	6x WH 3–4 insgesamt 1 oder 2 RD	

Turn Around
(= Einzelkreis nach re oder li)

Ausgangsstellung:
- im Innenstirn- oder Flankenkreis ohne Fassung
- Partner-GÜSt

Schritte:
8 Schritte vw *Turn Around Right:* Rechtskreis
Turn Around Left: Linkskreis

Anwendungsmöglichkeiten:

I. Freies Tanzen

Die Reihenfolge der Figuren wird von einem Ansager – dem Tanzleiter oder einem von der Tanzgruppe ausgewählten Tänzer – bestimmt oder sie wird vor Beginn des Tanzens in Absprache mit den Tänzern festgelegt.

Bei der Auswahl der Figuren ist stets darauf zu achten, daß ein reibungsloser Übergang von der vorangehenden zur nachfolgenden Figur, von der Partner- und Gruppenaufstellung her, gegeben ist.
Die Ansage der nachfolgenden Figur hat rechtzeitig, d. h. einige Taktschläge vorher, zu erfolgen, damit sich die Tänzer auf die nächste Figur einstellen können und richtig den auf die Musik abgestimmten Einsatz treffen können.
Nachfolgend werden einige Vorschläge für Figurenfolgen gemacht, die in der jeweils angegebenen Aufstellung (Kreis, Gasse, Square) und Reihenfolge getanzt werden können. Darüber hinaus bleibt es jedoch jedem Ansager überlassen, diese Figuren nach eigener Vorstellung zu »mixen«.

Vorschläge für Figurenfolgen in Kreis-Aufstellung

1. Figuren ohne Partner Kreis-Aufstellung einzeln mit oder ohne Handfassung

	Schritte
Circle Left	1 – 8
Forward and Back	1 – 8
Promenade einzeln	1 – 8
Turn Around Right	1 – 8

Circle Left	1 – 8
Balance	1 – 8
Forward and Back	1 – 8
Turn Around Left	1 – 8

2. Figuren mit Partner Kreis-Aufstellung paarweise

		Schritte
Promenade	2x	1 – 8
Allemande Right		1 – 8
Allemande Left		1 – 8

Promenade		1 – 8
Dosido		1 – 8
Allemande Right		1 – 8
Allemande Left		1 – 8

Promenade		1 – 8
Dosido		1 – 8
Swing		1 – 8
Allemande Left		1 – 8

Promenade		1 – 8
Allemande Right		1 – 8
Allemande Left		1 – 8
Dosido		1 – 8
Grand Chain (bis zum 8. einchließlich des eigenen Partners)	2x	1 – 8
Swing	2x	1 – 8

Promenade	1 – 8
Dosido mit dem eigenen Partner	1 – 8
Dosido mit dem nächsten Partner (Herren in TR, Dame in GTR zum nächsten Partner gehen)	1 – 8
Allemande Right mit demselben Partner	1 – 8
Dosido mit dem nächsten Partner (Herren in TR, Damen in GTR zum nächsten Partner gehen)	1 – 8
Swing mit demselben Partner	1 – 8

3. Figuren ohne und mit Partner gemischt Kreis-Aufstellung paarweise

	Schritte
Balance	1 – 8
Forward and Back	1 – 8
Promenade paarweise	1 – 8
Dosido	1 – 8
Allemande Right	1 – 8
Allemande Left	1 – 8
Promenade einzeln	1 – 8
Turn Around Right	1 – 8
Dosido	1 – 8
Swing	1 – 8
Circle Left	1 – 8
Forward and Back (nur Damen)	1 – 8
Dosido	1 – 8
Allemande Left	1 – 8
Promenade paarweise	1 – 8
Promenade einzeln	1 – 8

Vorschläge für Figurenfolgen in Gassen-Aufstellung, paarweise in GÜSt

Figuren mit dem eigenen und gegenüberstehenden Partner

		Schritte
Forward and Back		1 – 8
Dosido mit dem gegenüberstehenden Partner		1 – 8
Circle Left zu viert	2x	1 – 8

Forward and Back		1 – 8
Allemande Right ($1\frac{1}{2}$ RD) mit dem gegenüberstehenden Partner	2x	1 – 8
Dosido mit dem eigenen Partner		1 – 8

Forward and Back		1 – 8
Dosido mit dem eigenen Partner		1 – 8
Dosido mit dem gegenüberstehenden Partner		1 – 8
Swing mit dem eigenen Partner		1 – 8
Forward and Back		1 – 8
Dosido mit dem gegenüberstehenden Partner		1 – 8
Right and Left Through	2x	1 – 8
Forward and Back	2x	1 – 8
Ladie's Chain	2x	1 – 8
Forward and Back		1 – 8
Star (Left oder Right Hand)	2x	1 – 8
Swing mit dem eigenen Partner		1 – 8

Vorschläge für Figurenfolgen in Square-Aufstellung, paarweise im Viereck (→ S. 24)

Figuren mit dem eigenen und gegenüberstehenden, auch mit dem schrägnebenstehenden Partner (Corner).

Die in Kreisaufstellung Punkt 1., 2., 3. aufgezeigten Figurenvorschläge können auch in Square-Aufstellung getanzt werden.
Die in Gassenaufstellung vorgeschlagenen Figurenfolgen können jeweils abwechselnd von Paar 1 und Paar 3, dann von Paar 2 und Paar 4 getanzt werden.

		Schritte
Allemande Left mit dem Corner		1 – 8
Allemande Right mit dem eigenen Partner		1 – 8
Dosido mit dem Corner		1 – 8
Dosido mit dem eigenen Partner		1 – 8
Swing mit dem Corner		1 – 8
Promenade mit dem Corner (= neuer Partner) bis zum Ausgangspunkt des Herrn	3x	1 – 8

Vorschläge für Figurenfolgen in freier Aufstellung

Unter dem Aspekt eines ständigen Partnerwechsels (»Suchen« und »Finden«) und einer methodischen Einführung einzelner Figuren sollte die freie Aufstellung gewählt werden. Alle Tänzer bewegen sich in der Promenade, einzeln oder paarweise, 16 oder auch mehr Schritte frei im Tanzraum. Auf Ansage des Tanzleiters hin finden sich die Nächststehenden zu einer Figurenfolge zusammen, um sich danach wieder frei im Raum zu bewegen und sich einen neuen Tanzpartner zu suchen.

		Schritte
Promenade einzeln	2x	1 – 8
dann mit dem Nächststehenden		
Allemande Right		1 – 8
Allemande Left		1 – 8
oder Swing	2x	1 – 8
oder Dosido		1 – 8
Swing		1 – 8

		Schritte
Promenade paarweise	2x	1 – 8
dann mit dem gegenüberstehenden Partner des nächststehenden Paares		
Allemande Right		1 – 8
Allemande Left		1 – 8
oder Swing	2x	1 – 8
oder Dosido		1 – 8
Swing		1 – 8
oder Circle Left zu viert		1 – 8
Dosido		1 – 8
oder Star (Left oder Right Hand)	2 x	1 – 8
mit dem neuen Partner wieder Promenade.		

II. Nordamerikanische Tänze
(Tanzbeschreibungen sind den angegebenen Schallplatten beigelegt.)

Round Dances, Mixer

- ○ Main Mixer, Musik: Phrase Crace/ SP 23 204
- ○ Chug-Chug/SP 23 203
- ○ Yankee Doodle Mixer/EP 58 704
- ○ Oh Susannah/EP 58 704
- ○ Shoo Fly/EP 58 703
- ○ Skip to my Lou /EP 58 703

Contra Dances
- ○ Arkansas Traveller/EP 58 704
- ○ Glovers Reel /EP 58 701

Square Dances
- ○ Texas Star/SP 23 204
- ○ Camptown Races/EP 58 705
- ○ Just because/EP 58 705
- ○ Alabama Jubilee/EP 58 705
- ○ Hinkey Dinkey Parlez Vouz/ EP 58 704
- ○ Grand Square/SP 23 200

EP und SP = Sonderpressungen Verlag Walter Kögler (→ S. 143)

Beispiele im Kolo-Stil

Nicht partnergebundene Kreis- und Reihentänze (Kolo bedeutet Rad, Reihe) sind typisch für südosteuropäische Länder, wie Jugoslawien, Bulgarien, Rumänien, Griechenland und für Israel. Der rhythmisch-dynamische Einfluß der dazugehörigen Folklore-Musik hat den Bewegungscharakter weitgehend beeinflußt.

Die Grundformen Gehen, Laufen, Hüpfen und Springen haben ihre charakteristischen Rhythmen und kommen entweder in freier Tanzweise oder in überlieferten Tänzen zum Tragen. Je nach Musikalität und rhythmisch-tänzerischer Begabung wird der einzelne, ob jung oder alt, sich für diese originellen Rhythmen begeistern lassen.

- Zunächst sollen einige Anregungen für das Tanzen, das freie Spielen mit den einzelnen Grundformen und deren Variationen sowie Schrittkombinationen zu der entsprechenden Musik gegeben werden. Eine Differenzierung der regionalen Besonderheiten wird dabei nicht vorgenommen.
- Von der Aufstellung her empfiehlt sich die geschlossene oder offene Kreisaufstellung bzw. eine Reihenaufstellung von 4–8 Tänzern, die jeweils von einem Tanzführer in beliebigen Kurven durch den Raum geführt werden. Dazu können unterschiedliche Tanzfassungen gewählt werden.
- Abschließend sind einige Beispiele für typische, leicht erlernbare Tänze zusammengestellt, die mit Hilfe der angegebenen Schallplatten und der dazugehörigen Tanzbeschreibungen leicht erfaßt werden können.

Musik:
Plattenvorschläge:
- ○ Jugoslawische Tänze/CAL 17 701
- ○ Tänze aus Israel/CAL 17 702
- ○ Begleitplatte 2. Seite → 4.

CAL = Sonderpressungen Calig Verlag (→ S. 143)

Anwendung der Grundformen

I. Freies Tanzen

Aufstellung:
Innenstirnkreis oder Flankenkreis
Stirnreihen oder Flankenreihen

Fassungen:
Handfassung
Oberarmfassung
Schulterfassung
Eingehakte Fassung
Kreuzfassung
Flechtfassung
Hüftschulterfassung

①

Gehen

Gehen vw und rw

Ausführung Gehen vw:

- mit Aufsetzen der Ferse und Abrollen über den flachen Fuß bis zum Ballen, mit Nachfedern in den Knien
- auf Ballen, mit leichtem Nachfedern in den Knien
- auf flachem Fuß, Knie gebeugt

Ausführung Gehen rw:

- mit Aufsetzen des Ballens und Abrollen auf den flachen Fuß

Schrittfolgen:

- in Flankenreihe oder -kreis mit Handfassung, in fließender Bewegungsfolge:
  Belastete Schritte vw, auch im Wechsel mit rw

  Wechselschritte vw, auch im Wechsel mit rw

  1 belasteter Schritt + 1 unbelasteter Schritt, vw – tap schl. – vw – tap schl. usw.

  3 belastete Schritte + 1 unbelasteter Schritt, vw – vw – vw – tap schl. – vw – vw – vw – tap schl. usw.

- in Stirnreihe oder -kreis mit o. g. Fassungen als ein- bis zweimaliger Bewegungsablauf in Kombination mit einer anderen Schrittfolge:

  Belastete Schritte vw, auch im Wechsel mit rw, z. B. 4x vw, 4x rw

  Wechselschritte vw, auch im Wechsel mit rw, z. B. 2x vw, 2x rw

  1 belasteter Schritt + 1 unbelasteter Schritt, z. B. vw – tap schl. bzw. vw; rw – tap schl. bzw. rw

  3 belastete Schritte + 1 unbelasteter Schritt, z. B. vw – vw – vw – tap schl. – rw – rw – rw – tap schl.

Gehen sw

Ausführung:

- mit flachem Fuß ohne oder mit Nachfedern in den Knien
- auf Ballen, mit leichtem Nachfedern in den Knien

Schrittfolgen: in Stirnreihe oder -kreis mit o. g. Fassungen:

②

- in fließender Bewegungsfolge:

  Anstellschritte, sw – schl.

  Grapevine- oder Mayimschritte ①, x vw – sw – x rw – sw oder sw – x vw – sw – x rw

  Wechselschritt sw nach re und li, sw – schl. – a. O. oder sw – fast schl. – sw

- als ein- bis zweimaliger Bewegungsablauf in Kombination mit einer anderen Schrittfolge:

  1 belasteter Schritt + 1 unbelasteter Schritt, sw – tap schl. bzw. x vw; sw – Knieheben ②

  3 belastete Schritte + 1 unbelasteter Schritt, sw – x rw – sw – tap schl. bzw. x vw; sw – x rw – sw – Knieheben

③

Laufen

Laufen vw und rw ③

Ausführung:

- mit Aufsetzen des Fußballens und Abrollen bis zum flachen Fuß, auch mit Heben des Unterschenkels nach rw oder vw, oder mit Heben des gestreckten Schwungbeins nach vw oder rw

Schrittfolgen:

- in Flankenreihe oder -kreis mit Handfassung, in fließender Bewegungsfolge:
  Schritte vw, auch im Wechsel mit rw

Laufen sw

Ausführung:

- mit Aufsetzen des Fußballens und Abrollen bis zum flachen Fuß

  Schrittfolgen:

- in Stirnreihe- oder -kreis mit o. g. Fassungen in fließender Bewegungsfolge:
  Grapevine – oder Mayimschritte,
  x vw – sw – x rw – sw oder
  sw – x vw – sw – x rw

Hüpfen

Hüpfen vw und rw

Ausführung:

- mit Aufsetzen der Ferse und Abrollen über den flachen Fuß zum Ballen
- mit Aufsetzen des Ballens
- mit Aufsetzen des flachen Fußes

Schrittfolgen:

- in Flankenreihe oder -kreis mit Handfassung, in fließender Bewegungsfolge
  Schritte vw, auch im Wechsel mit rw
- in Stirnreihe oder -kreis mit o. g. Fassungen als ein- bis zweimaliger Bewegungsablauf in Kombination mit einer anderen Schrittfolge

  Hüpfen mit Heben der Knie, Oberschenkel fast waagrecht

  Hüpfen a. O. mit Ausschleudern des Unterschenkels x vw

  Hüpfen, a. O. mit Heben des gestreckten Schwungbeins x vw, im Wechsel mit x rw (Kreuzhupf)

  2 Geh- oder Laufschritte in Verbindung mit einem Hüpfschritt (vw – vw – hupf, sw – x rw – hupf)

Springen

Ausführung und Schrittfolge:

- Absprung von einem Fuß auf den anderen, Schrittsprung:
  in Flankenreihe oder -kreis mit Handfassung, in fließender Bewegungsfolge; z. B. Sprung-Sprung-Wechselschritt
- Absprung von beiden Füßen, Schlußsprung (auch Debka-Sprung) nach re und li oder Wechselsprung; in Stirnreihe oder -kreis mit o. g. Fassungen als ein- bis zweimaliger Bewegungsablauf in Kombination mit einer anderen Schrittfolge

II. Tänze im Kolo-Stil

(Tanzbeschreibungen sind den angegebenen Schallplatten beigelegt)

- ○ Ersko Kolo/SP 23 020
- ○ Hava Nagila/SP 23 032
- ○ Alunelul/SP 23 021
- ○ Rosmarin/Jugoslawische Tänze/CAL 17 701
- ○ Truba/Jugoslawische Tänze/CAL 17 701
- ○ Cigancica/Jugoslawische Tänze/CAL 17 701
- ○ Horah Akadati/Tänze aus Israel/CAL 17 702
- ○ Mayim-Mayim/Tänze aus Israel/CAL 17 702
- ○ Kolo aus der Voivodina/Osteuropäische Tänze/CAL 17 708
- ○ Kolo von Srem/Osteuropäische Tänze/CAL 17 708

EP und SP = Sonderpressungen
Verlag Walter Kögler (→ S. 143)
CAL = Sonderpressungen Calig Verlag
(→ S. 143)

Tanzformen für die Familie

Der Wunsch, mit der Familie die Freizeit zu verbringen und gemeinsam sich sportlich und in Gesellschaft zu betätigen, zeichnet sich in den letzten Jahren immer deutlicher ab. Dabei hat sich auch das Tanzen mit der Familie, das Beisammensein von jung und alt als ein geeignetes Mittel erwiesen, bei Musik und Bewegung die Kommunikation zu fördern.

- Für den Familientanz eignen sich vornehmlich gesellige folkloristische und moderne Tanzformen. Im folgenden werden einige Figuren mit beliebig vielen, mit vier, mit drei und mit zwei Familienmitgliedern beschrieben und anschließend Beispiele für mögliche Figurenfolgen aufgezeigt.
- Wenn der Familientanz sinnvoll betrieben werden soll, müßten je nach der Anzahl der Familienmitglieder zunächst die Figuren erlernt, u. U. variiert und dann zu passender Musik zuerst eine, dann zwei oder mehr Figuren zusammenhängend getanzt werden.
- Bei der Musikauswahl sollte bedacht werden, mit welcher Grundform die Figuren ausgeführt werden sollen, im Gehen, Laufen oder Hüpfen. Zu empfehlen wären für den Anfang ein flotter Gehrhythmus und als Steigerung ein mittelschneller Laufrhythmus.
- Je nach dem Alter und dem Entwicklungsstand der Kinder werden die Erwachsenen die Kinder anleiten und führen müssen, sei es in der Anpassung an die jeweiligen Mittänzer, an den Raum, an den Rhythmus und die Tanzform.
- Es werden bewußt keine überlieferten Tänze hier aufgezeigt, um das kreative Handeln in der Familie zu fördern.
- Zur Auflockerung können sich auch zwei oder mehrere Familien zu geselligem Tanzen zusammenfinden.

Musik:
Taktart: 4/4 Takt

Plattenvorschläge:

- ○ Begleitplatte 1. Seite → 2., 3., 4.; 2. Seite → 4.
- ○ Tchip Tchip/Electronic Butterflies/ Hansa international 13 233
- ○ Querfeldein, Happy hopp (Kinder laufen, hüpfen . . .)/Fidulafon 1194 Fidula-Verlag (→ S. 143)
- ○ Family Show/The Les Humphries Singers/Decca 6. 11687

Tanzformen für beliebig viele Familienmitglieder

Aufstellung im Innenstirnkreis

Kreis nach li oder re: ①
Mit oder ohne Handfassung, vergl. → Circle Left, Circle Right, Promenade einzeln (S. 118, 119).

Zur Kreismitte:
Mit oder ohne Handfassung
kleine Schritte vw (eventuell Arme zur Hochhalte) und
kleine Schritte rw; vergl. → Forward and Back (S. 119).

Drehung am Ort:
Im Einzelkreis nach re oder li kleine Schritte vw; eventuell Arme in Diagonalhaltung; vgl.→Turn Around (S. 120).

Klatsch- und Knipsform: ②
Am Ort;
Klatsch Oberschenkel,
Klatsch beide Hände,
Knips 2x oder 3x, Arme in Hochhalte

Wechselsprung, Schrittstellung RF vw – Schrittstellung LF vw: ③
Am Ort mit oder ohne Handfassung;

Ausführung:
langsam
schnell

①

②

③

④

⑤

⑥

⑦

⑧

⑨

Wechsel Hockstellung – Schlußstellung: ④
Am Ort mit oder ohne Handfassung;
Ausführung:
Alle gleichzeitig oder
Gegenüberstehende im Wechsel
(bei 4 Tänzern)

Wechsel Hockstellung – Grätschstellung: ⑤
Am Ort ohne Handfassung; kleine Sprünge; *Ausführung:*
Alle gleichzeitig oder
Gegenüberstehende im Wechsel
(bei 4 Tänzern)

Schlußsprünge mit gebeugten Knien nach re und li: ⑥
Am Ort mit oder ohne Handfassung;

Ausführung:
langsam
schnell

Aufstellung in der Flankenreihe

(Handfassung)

»Schlange«: ⑦
Unter Führung eines Tänzers bewegt sich die Familie in einer Reihe oder in vielen Kurven frei im Raum. Auf Ansage oder Vorbild des Anführers hin kann die Fortbewegung unterbrochen werden durch tänzerische Bewegungsformen am Ort, z. B.
Armbewegungen
Sprünge

»Weben«: ⑧
Der Anführer zieht die Schlange durch die erhobenen Arme (»Tor«) des 2. und 3. bzw. des 3. und 4. Tänzers etc., um dann im Kreis oder in der Reihe weiterzutanzen

»Zick-Zack« mit Anführerwechsel: ⑨
Flankenreihe ohne Handfassung; der Anführer läuft oder hüpft im Zick-Zack um die stehenden Tänzer und reiht sich am Ende der Schlange an. Der ehemals zweite Tänzer wird der neue Anführer

Tanzformen zu viert

(Paar 1 = Erwachsene,
Paar 2 = Kinder)

Viereck-Aufstellung, zwei »Paare« in GÜSt

(Handfassung)

Durch das Tor vor und zurück:
Paar 2 mit kleinen Schritten vw durch die erhobenen Arme von Paar 1, dann rw wieder zum Ausgangsplatz

Durch das Tor hindurch:
Paar 2 mit kleinen Schritten vw durch die erhobenen Arme von Paar 1 hindurch, Handfassung lösen und im Kreis über außen wieder zum Ausgangsplatz; Paar 1 dreht am Ort mit

Viereck-Aufstellung, zwei »Paare« in Hintereinanderstellung

(Handfassung)

Kutsche: ⑩
Mit kleinen Schritten vw, auch mit einer Rechts- oder Linksdrehung

Kutsche mit Führungswechsel:
Paar 2 innere Handfassung lösen und im Kreis über außen hinter Paar 1, wieder Handfassung. Die Kutsche führt jetzt das Paar 1 an

Durch das Tor zurück und vor: ⑪
Paar 2 mit kleinen Schritten rw durch die erhobenen Arme von Paar 1, dann vw wieder zum Ausgangsplatz

Durch das Tor hindurch:
Paar 2 innere Handfassung lösen und mit kleinen Schritten vw im Kreis über außen durch die erhobenen Hände von Paar 1 hindurch zum Ausgangsplatz. Paar 1 zwischendurch äußere Handfassung lösen

Oder:
Paar 2 mit kleinen Schritten rw durch die erhobenen Arme von Paar 1;
Paar 1 dreht am Ort mit

Viereck-Aufstellung, Erwachsene und Kinder je gekreuzt in GÜSt

Zur Mitte: ⑫
Kinder kleine Schritte vw und rw, Handklatsch mit Gegenüber, dann Erwachsene vw und rw

⑩

⑪

⑫

⑬

⑭

⑮

⑯

⑰

⑱

Kreisel mit Zweihandfassung: ⑬
Erwachsene Zweihandfassung mit gestreckten Armen in Hüfthöhe, Kinder halten sich mit beiden Händen daran fest; mit Trippelschritten kreiseln nach re oder li

Kreisel mit »Engel-Tragen«:
Erwachsene Zweihandfassung in Hüfthöhe, Kinder sitzen auf den gefaßten Händen; mit Trippelschritten kreiseln nach re oder li

Kreisel mit »Engel-Fliegen«:
Erwachsene und Kinder Schulterfassung zweihändig; mit Trippelschritten kreiseln nach re oder li, dabei Kinder in der Luft fliegen lassen

Aufstellung in Gegeneinanderstellung paarweise

Kreiseln in eingehakter Fassung:
Erwachsene in eingehakter Fassung re, in NSt je ein Kind; mit kleinen Schritten in GTR kreiseln; dasselbe ggl.

Kreiseln in eingehakter Fassung mit »Engel-Fliegen«: ⑭
Erwachsene in eingehakter Fassung re und außen Hüftfassung, in GÜSt je ein Kind mit Nackenfassung, mit Trippelschritten in GTR kreiseln, dabei Kinder in der Luft fliegen lassen

Tanzformen zu dritt

(Paar 1 = 2 Erwachsene oder 2 Kinder, einzelner = 1 Kind oder 1 Erwachsener)

Stirnreihen-Aufstellung
(Handfassung)

Schritte vw

»Weben«: ⑯
Der re außenstehende Tänzer zieht durch die erhobenen Arme des mittleren und li außen stehenden Tänzers zum Ausgangsplatz zurück, der mittlere Tänzer dreht am Ort mit; dasselbe ggl.

Drehen der außenstehenden Tänzer:
Die außenstehenden Tänzer drehen sich mit kleinen Schritten nach innen unter den erhobenen Armen des mittleren Tänzers (mit kleinen Schritten) zum Ausgangspunkt ⑮

Eindrehen der außenstehenden Tänzer:
Die außenstehenden Tänzer drehen sich mit kleinen Schritten nach innen ein; dann wieder Ausdrehen zum Ausgangspunkt

»Engel-Tragen«:
Außenstehende Tänzer in NSt, offene Handfassung, mittlerer Tänzer sitzt auf den gefaßten Händen; mit kleinen Schritten vw, auch mit einer Rechts- oder Linksdrehung

Kette:
Mittlerer und re außenstehender Tänzer in GÜSt drehen; Einhandfassung re, re Handtour, dann mit li außenstehendem Tänzer Einhandfassung li, li Handtour

Dreieck-Aufstellung in GÜSt
(Handfassung)

Durch das Tor vor und zurück: ⑰
Einzelner mit kleinen Schritten vw durch die erhobenen Arme von Paar 1, dann rw wieder zum Ausgangsplatz

Durch das Tor hindurch:
Einzelner mit kleinen Schritten vw durch die erhobenen Arme von Paar 1 hindurch, li Hand lösen und mit Kreis über außen wieder zum Ausgangspunkt; Paar 1 dreht am Ort mit; dasselbe ggl.

Dreieck-Aufstellung in Hintereinanderstellung
(Handfassung)

Kutsche: ⑱
Mit kleinen Schritten vw, auch mit einer Rechts- oder Linksdrehung

Kutsche mit Führungswechsel:
Einzelner li Hand lösen und im Kreis über außen hinter Paar 1, wieder Handfassung. Die Kutsche führt jetzt das Paar 1 an; dasselbe auch ggl.

⑲

⑳

㉑

㉒

㉓

㉔

㉕

㉖

㉗

Oder:
Paar 1 innere Handfassung lösen und im Kreis über außen hinter den einzelnen, wieder Handfassung. Die Kutsche führt jetzt der einzelne an.

Durch das Tor zurück und vor:
Einzelner mit kleinen Schritten rw durch die erhobenen Arme von Paar 1, dann vw wieder zum Ausgangsplatz

Durch das Tor hindurch:
Einzelner li Handfassung lösen und mit kleinen Schritten vw im Kreis über außen re, dabei auch die Handfassung re lösen, durch die erhobenen Hände von Paar 1 hindurch zum Ausgangsplatz

Tanzformen zu zweit

(1 Erwachsener, 1 Kind)

Partner-GÜSt

Kreisel: ⑲
Mit Trippelschritten; Einhand-, Zweihand- oder Kreuzfassung

Kreisel mit Flieger: ⑳
Handfassung oder Hand- und Fußfassung

Umkreisen des stehenden Partners: ㉔
Einhandfassung re, Kreis um den Stehenden, jeweils Handwechsel hinter dem Rücken und vor dem Körper; dasselbe auch ggl.

Umkreisen des knienden Partners: ㉑
Einhandfassung re, Kreis um den Knienden; dasselbe ggl.

»Zugfahren« vw und rw: ㉓
Zweihandfassung, ein Partner fährt vw, ein Partner rw mit kreisenden Unterarmen

Galopp sw: ㉒
Butterfly-Fassung

Partner-Hintereinanderstellung

Kutsche: ㉕
Partner frei durch den Raum ziehen

Kutsche mit Führungswechsel:
Vorderer Tänzer li Hand lösen und im Kreis über außen re hinter den Partner; dasselbe auch ggl.

Kreisel mit Flieger: ㉖
Beine des Kindes umklammern den Erwachsenen an den Hüften

Galopp sw: ㉗
Hände eingestützt oder Arme in Seithalte

Anwendungsmöglichkeiten

Vorschläge für Tanzformen in freier Aufstellung

Unter dem Aspekt der Anpassung (vor allem der Kinder an den Raum und an die verschiedenen Partner der eigenen oder einer fremden Familie) sollten Tanzformen in freier Aufstellung ganz gezielten Figurenfolgen vorausgehen. Alle Tänzer bewegen sich frei im Raum und finden sich auf Ansage eines Tanzleiters in Gruppen zu viert, zu dritt, zu zweit oder beliebig vielen zu einer der folgenden Tanzformen zusammen:

- *Kreis* nach li oder re mit Handfassung
- *Flankenreihe* mit verschiedenen Fassungen, »Schlange« oder »Weben«
- *Kutsche* zu viert, zu dritt, zu zweit
- *Gruppen* mit einem Gruppenführer, der sich von selbst herausstellt oder der von der Gruppe bestimmt wird.

Alle tänzerischen Bewegungsformen können vom Gruppenführer beliebig vorgemacht und von der Gruppe mitvollzogen werden (auch im Spiegelbild, in Echo-Form oder in Frage-Antwortspielen). Nach einer bestimmten Zeit wiederholt sich die Folge »Freies Bewegen im Raum« im Wechsel mit den verschiedensten Tanzformen.

Vorschläge für Figurenfolgen für beliebig viele Familienmitglieder

Kreisaufstellung:
Innenstirnkreis mit Handfassung

	Schritte
Kreis nach li (LF beginnt), 12 Schritte vw	1 – 12
Schlußsprünge nach re, li, re, li	1 – 4
Kreis nach re (RF beginnt), 12 Schritte vw	1 – 12
Schlußsprünge nach li, re, li, re	1 – 4
Kreis nach li, 8 Schritte vw	1 – 8
Drehung am Ort nach li, 8 Schritte vw	1 – 8
Zur Kreismitte, 4 Schritte vw, 4 Schritte rw	1 – 8
Klatsch- und Knipsform	(1 – 8)
Kreis nach li (Hüpfen), 8 Schritte vw	1 – 8
Wechsel Hockstellung-Grätschstellung 2x	(1 – 8)
Kreis nach rechts (Hüpfen), 8 Schritte vw	1 – 8
Wechselsprung RF vw, LF vw, RF vw, LF vw	(1 – 8)

Reihenaufstellung:
Flankenreihe mit Handfassung

	Schritte
Schlange	1 – 8
Weben	1 – 16
Kreis nach li	1 – 8
Schlange	1 – 16
Zick-Zack	1 – 16

Vorschläge für Figurenfolgen zu viert

Viereck-Aufstellung: Zwei Paare in GÜSt

	Schritte
Durch das Tor vor und zurück, 4 Schritte vw – 4 Schritte rw	1 – 8
Durch das Tor hindurch, 8 Schritte vw	1 – 8
Kreis nach li	1 – 8
Drehen am Ort	1 – 8
Durch das Tor vor und zurück, 4 Schritte vw – 4 Schritte rw	1 – 8
Durch das Tor hindurch, 8 Schritte vw	1 – 8
Kreisel mit »Engel-Fliegen«	1 – 16

Viereck-Aufstellung: Zwei Paare in Hintereinanderstellung

	Schritte
Kutsche, 8 Schritte vw	1 – 8
Kutsche mit Rechtsdrehung	1 – 8
Kutsche, 8 Schritte vw	1 – 8
Kutsche mit Linksdrehung	1 – 8
Kutsche, 8 Schritte vw	1 – 8
Kutsche mit Führungswechsel (Paar 2)	1 – 8
Kutsche, 8 Schritte vw	1 – 8
Kutsche mit Führungswechsel (Paar 1)	1 – 8
Durch das Tor zurück und vor, 4 Schritte rw – 4 Schritte vw	1 – 8
Durch das Tor hindurch mit vorgehendem Kreis über außen	1 – 8
Kreisel mit »Engel-Tragen«	1–16

Viereck-Aufstellung: Erwachsene und Kinder je gekreuzt in GÜSt

	Schritte
Zur Mitte Kinder, 4 Schritte vw – 4 Schritte rw	1 – 8
Zur Mitte Erwachsene, 4 Schritte vw – 4 Schritte rw	1 – 8
Kreisel mit Zweihandfassung	1 – 16
Wechsel Hockstellung – Schlußstellung, Kinder oben – Erwachsene oben, dann ggl.	1 – 16
Kreisel mit »Engel-Fliegen«	1 – 16
Zur Mitte Erwachsene, 4 Schritte vw – 4 Schritte rw	1 – 8
Zur Mitte Kinder, 4 Schritte vw – 4 Schritte rw	1 – 8
Kreiseln in eingehakter Fassung	1 – 16

Vorschläge für Figurenfolgen zu dritt

Stirnreihen-Aufstellung:

16 Schritte vw	1 – 16
Weben des re außenstehenden Tänzers	1 – 8
Weben des li außenstehenden Tänzers	1 – 8
8 Schritte vw	1 – 8
Weben des re außenstehenden Tänzers	1 – 8
8 Schritte vw	1 – 8
Weben des li außenstehenden Tänzers	1 – 8

8 Schritte vw	1 – 8
Eindrehen der außenstehenden Tänzer	1 – 8
8 Schritte vw	1 – 8
Ausdrehen der außenstehenden Tänzer	1 – 8
8 Schritte vw	1 – 8
Drehen der außenstehenden Tänzer	1 – 8
Weben des re außenstehenden Tänzers	1 – 8
Weben des li außenstehenden Tänzers	1 – 8
»Engel-Tragen«, 16 Schritte vw	1 – 16
Kette	1 – 16

Dreieck-Aufstellung in GÜSt:

	Schritte
Durch das Tor vor und zurück, 4 Schritte vw – 4 Schritte rw	1 – 8
Durch das Tor hindurch mit Kreis über außen re	1 – 8
Durch das Tor vor und zurück, 4 Schritte vw – 4 Schritte rw	1 – 8
Durch das Tor hindurch mit Kreis über außen li	1 – 8

Dreieck-Aufstellung in Hintereinanderstellung:

	Schritte
Kutsche, 8 Schritte vw	1 – 8
Kutsche mit Rechtsdrehung	1 – 8
Kutsche, 8 Schritte vw	1 – 8
Kutsche mit Linksdrehung	1 – 8
Kutsche, 8 Schritte vw	1 – 8
Kutsche mit Führungswechsel (einzelner)	1 – 8
Kutsche, 8 Schritte vw	1 – 8
Kutsche mit Führungswechsel (Paar 1)	1 – 8
Durch das Tor zurück und vor, 4 Schritte rw – 4 Schritte vw 2x	1 – 8
Durch das Tor hindurch mit vorangehendem Kreis über außen re	1 – 8
Durch das Tor hindurch mit vorangehendem Kreis über außen li	1 – 8

Vorschläge für Figurenfolgen zu zweit

Partner-GÜSt

	Schritte
Galopp sw nach re	1 – 8
Umkreisen des stehenden Partners (Hüpfen)	1 – 8
Galopp sw nach li	1 – 8
Umkreisen des stehenden oder knienden Partners (Hüpfen)	1 – 8
»Zugfahren« vw und rw, 4 Schritte vw – 4 Schritte rw 2x	1 – 8
Kreisel mit Einhandfassung re mit eigenem Partner	1 – 8
Kreisel mit Einhandfassung li mit einem neuen Partner	1 – 8
Umkreisen des knienden Partners (= Kind), Einhandfassung re	1 – 8
Umkreisen des knienden Partners (= Erwachsener), Einhandfassung li	1 – 8
Kreisel mit Flieger	1 – 16

Partner-Hintereinanderstellung:

	Schritte
Kutsche, 8 Schritte vw	1 – 8
Kutsche mit Rechtsdrehung	1 – 8
Kutsche, 8 Schritte vw	1 – 8
Kutsche mit Linksdrehung	1 – 8
Kutsche, 8 Schritte vw	1 – 8
Kutsche mit Führungswechsel	1 – 8
Kutsche, 8 Schritte vw	1 – 8
Kutsche mit Führungswechsel	1 – 8
Galopp sw nach re, Hände eingestützt	1 – 8
Kreisel mit Flieger	1 – 16
Galopp sw nach li, Hände eingestützt	1 – 8

Tanzspiele

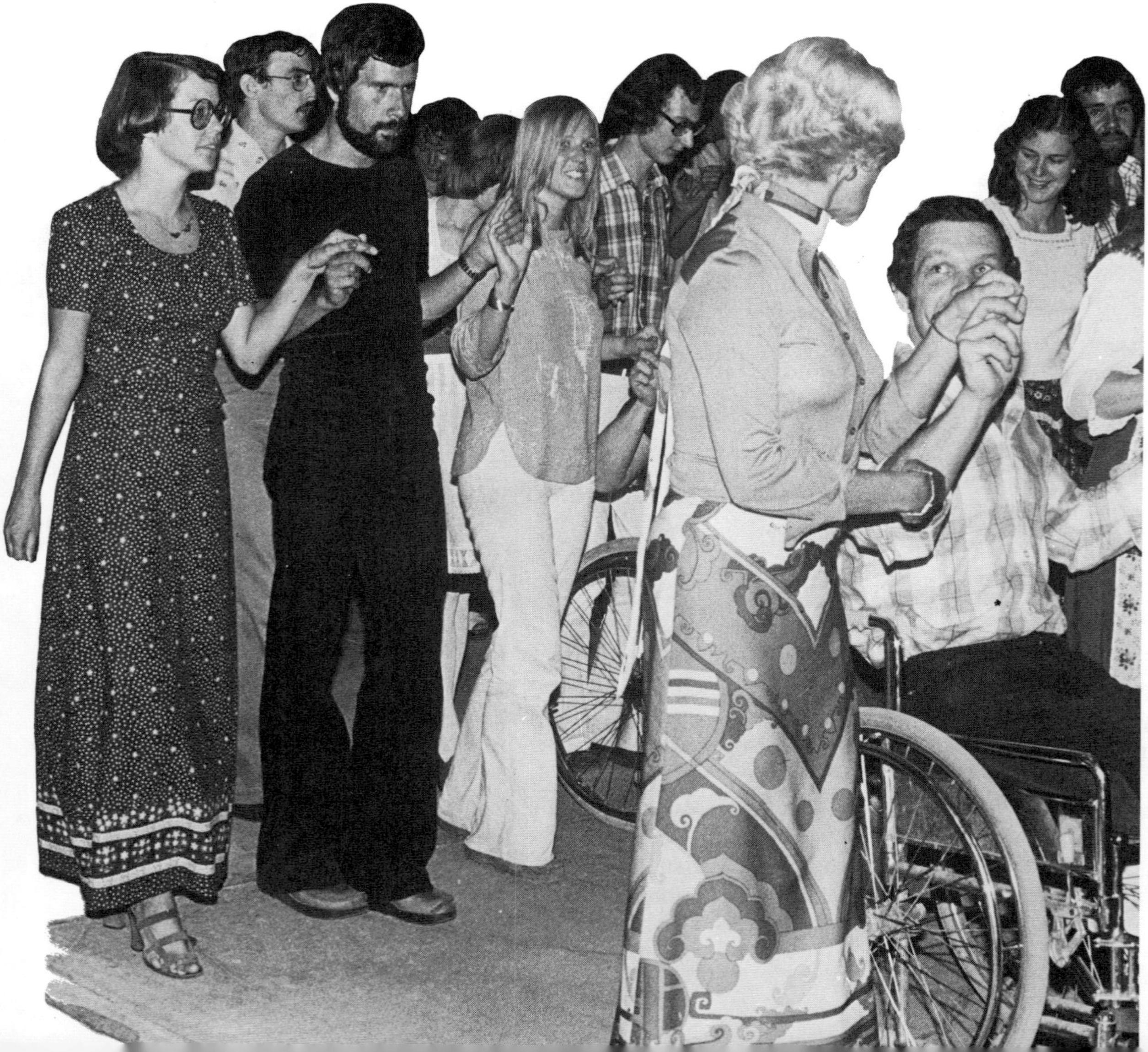

Für Parties und Tanzveranstaltungen im privaten Kreis, in Tanzkreisen und -clubs sollen hier einige Anregungen gegeben werden, wie ein Tanzfest aufgelockerter und geselliger organisiert werden kann, z. B. Eröffnung mit einer Polonaise, verschiedene Tanzspiele während der Veranstaltung und zum Ende ein fröhlicher Abschlußtanz.
Eine wichtige Rolle spielt bei derlei Festen der Tanzleiter, der gut vorbereitet, die Auswahl und die Durchführung der Spiele vorzunehmen hat.

Eröffnungspolonaise

Figuren und Raumwege:

Aufstellung der Tanzpaare hinter dem Tanzleiter, Partner in NSt (Rechtsseitstellung), offene oder eingehakte Fassung. Der Tanzleiter tanzt im ersten Paar mit oder dirigiert links vom ersten Paar gehend die Polonaise; die ersten beiden Paare sollten möglichst mit den Figuren und deren Folge vertraut sein.

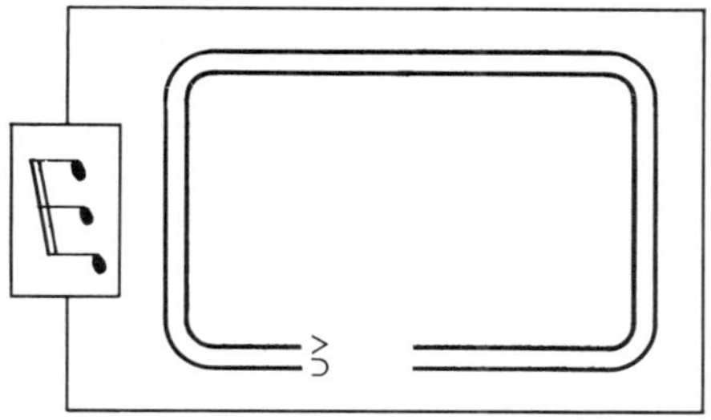
①

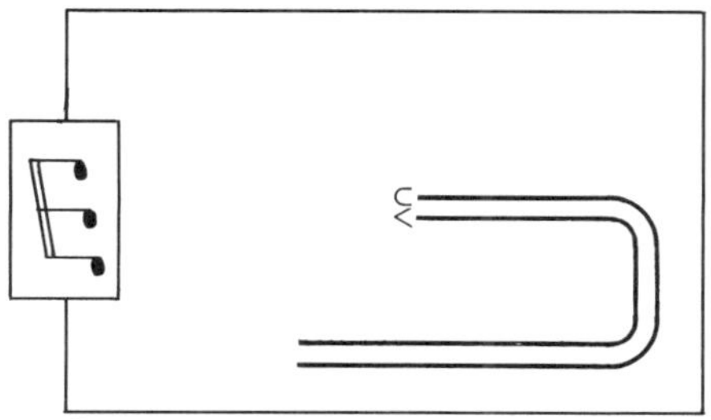
②

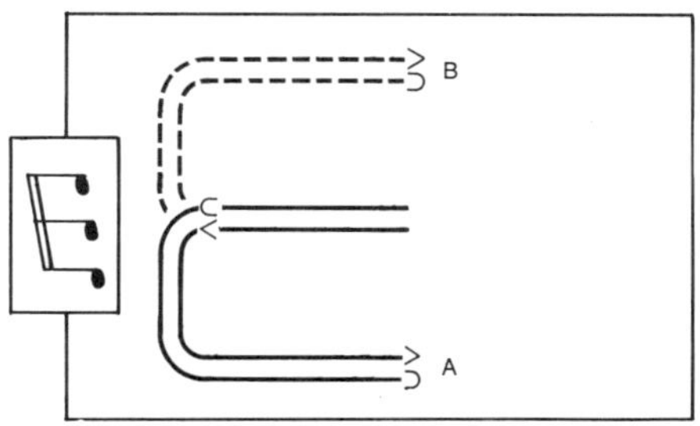

③

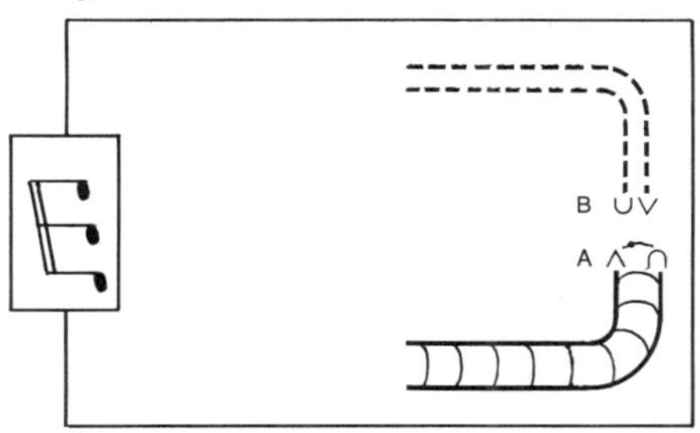

④

1. »Umgehen des Tanzraumes«
in TR

2. »Paar-Reihe durch die Mitte«
(wenn möglich in Richtung Musik)

3. »Trennen in zwei Paar-Reihen«
(auf der Musikseite):
Das erste Paar nach links, das zweite Paar nach rechts, weiter abwechselnd ein Paar nach links, ein Paar nach rechts. Die beiden anführenden Paare sollten nicht zu schnell vorwärtsgehen, damit die nachfolgenden Paare aufschließen können.

4. »Tore der Paar-Reihe A«
(auf der Gegenseite):
Alle »linken« Paare (Paar-Reihe A) bilden Tore mit Ein- oder Zweihandfassung, alle »rechten« Paare (Paar-Reihe B) ziehen durch die Tore; die Paar-Reihe A kommt dabei mit kleinen Schritten vw.

5. »Tore der Paar-Reihe B«
(auf der Musikseite):
Die Paar-Reihe B bildet Tore, die von der Paar-Reihe A durchzogen werden.

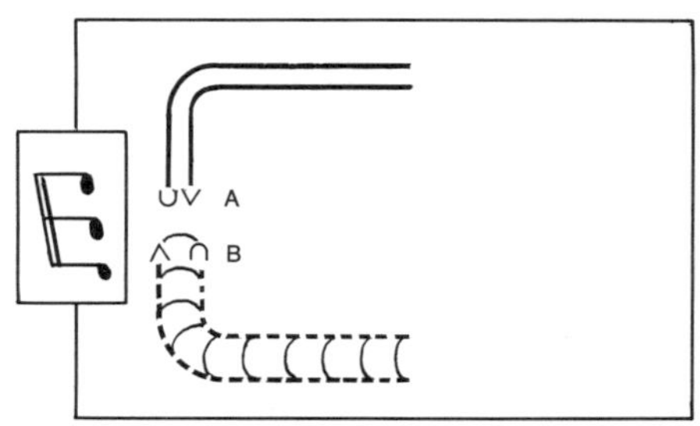

⑤

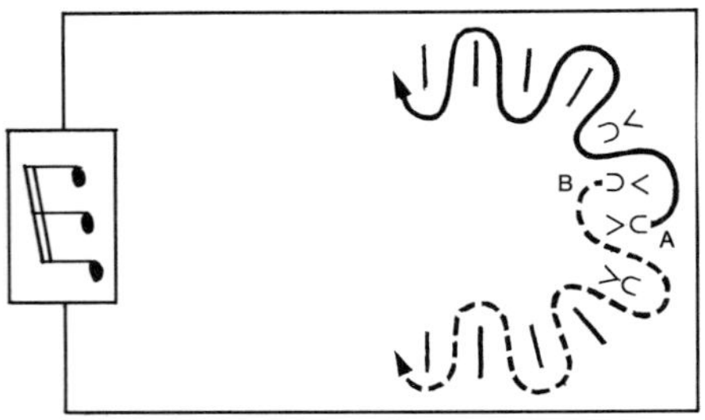

⑥

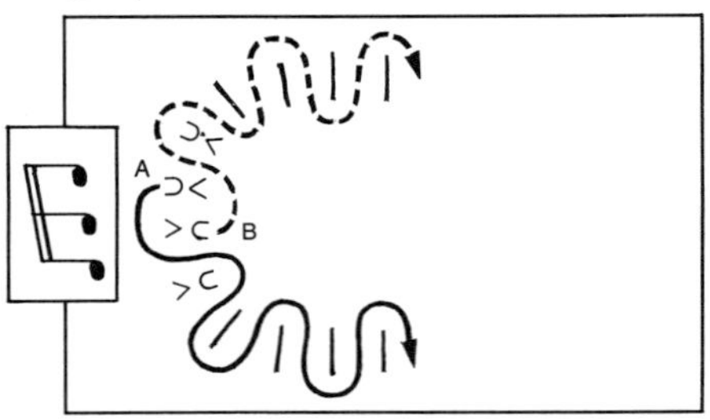

⑦

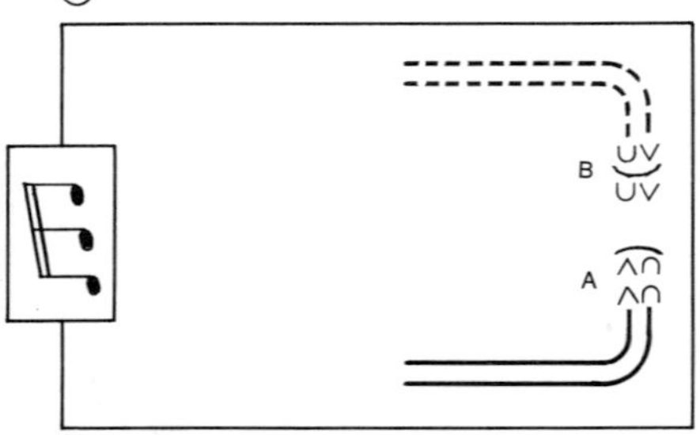

⑧

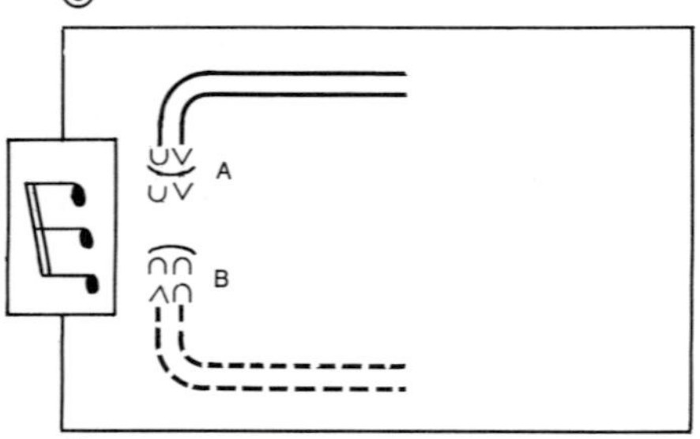

⑨

6. »Reißverschluß«
(auf der Gegenseite):
Paar-Reihe A und B treffen aufeinander, nehmen Zweihandfassung ein und umwandern sich abwechselnd vorwärts und rückwärts in einer Schlangenlinie.

7. »Reißverschluß«
(auf der Musikseite), wie 6.

8. »Welle«
(auf der Gegenseite): Paar-Reihen A und B treffen aufeinander. Das erste Paar der Reihe A bildet ein Tor mit Ein- oder Zweihandfassung, das erste Paar der Reihe B zieht durch das Tor; das zweite Paar der Reihe B bildet ein Tor und das erste Paar der Reihe A zieht durch das Tor. Das erste Paar der Reihe B bildet ein Tor für das zweite Paar der Reihe A usw. Für jedes Paar gilt es, abwechselnd ein Tor zu bilden, dann durch ein Tor zu ziehen.

9. »Welle«
(auf der Musikseite): wie 8.

10. »Vierer-Reihen durch die Mitte«:
Die Reihen-Paare A und B treffen sich auf der Gegenseite und bilden Viererreihen, die durch die Mitte ziehen.

11. »Trennen der Vierer-Reihen«
(auf der Musikseite): Erste Reihe nach links, zweite Reihe nach rechts, weiter abwechselnd eine Reihe nach links, eine Reihe nach rechts.

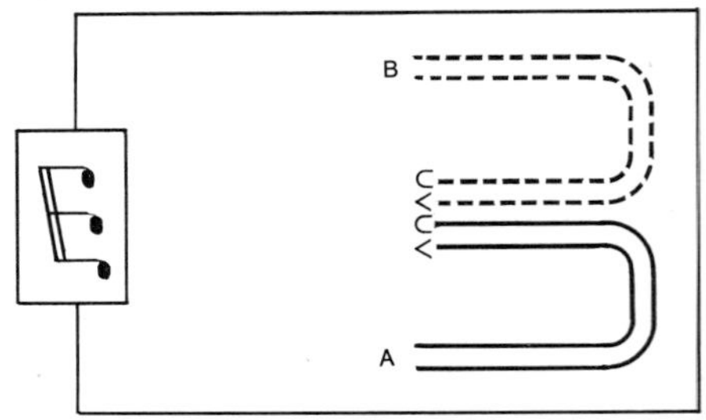

⑩

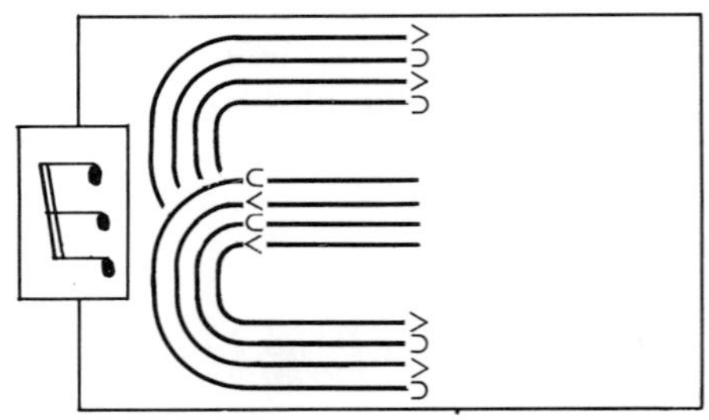
⑪

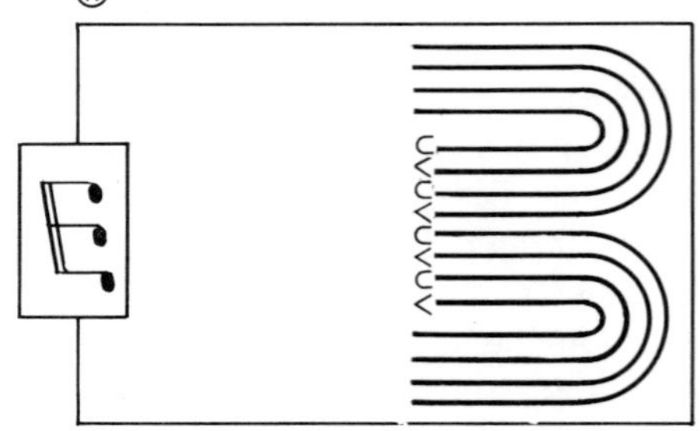
⑫

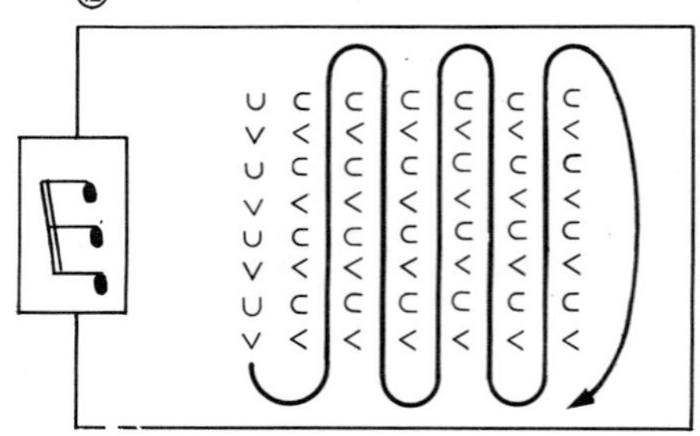
⑬

12. »Achter-Reihen durch die Mitte«:
Die Vierer-Reihen treffen sich auf der Gegenseite und bilden Achter-Reihen, die durch die Mitte ziehen und vor der Musik langsam zum Stehen kommen.

13. »Schlange durch Achter-Reihen«:
Tanzleiter oder links außen stehender Tänzer zieht die erste Reihe, der sich die zweite, dritte usw. anschließt, durch die Achter-Reihen und dann zu einem großen Kreis in GTR.

14. »Schnecke mit Gegenschnecke«:
Tanzleiter zieht eine Spirale in schnellem Tempo nach innen, wendet im Mittelpunkt, führt sie langsam wieder nach außen und dann zu einem großen Kreis in TR.

15. »Schnecke mit Torauflösung«:
Tanzleiter zieht eine Spirale eng nach innen. Auf Zuruf »stop« bleiben alle Tänzer stehen, und der Tanzleiter bahnt sich durch die Tore einen Weg nach außen; dann großer Kreis paarweise in GTR (Linksseitstellung).

16. »Gasse«:
Mit Galoppschritten paarweise durch die Gasse, in TR; die Stehenden klatschen dazu.

Oder:

17. »Walzer«

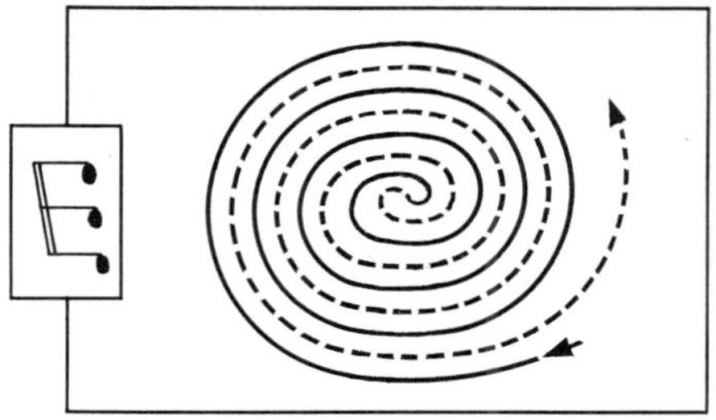

⑭

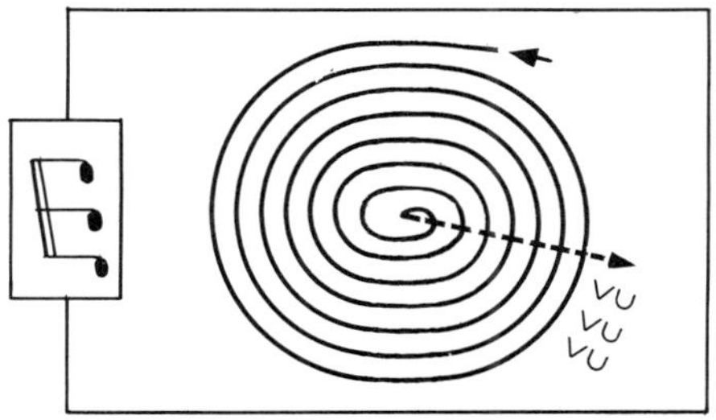

⑮

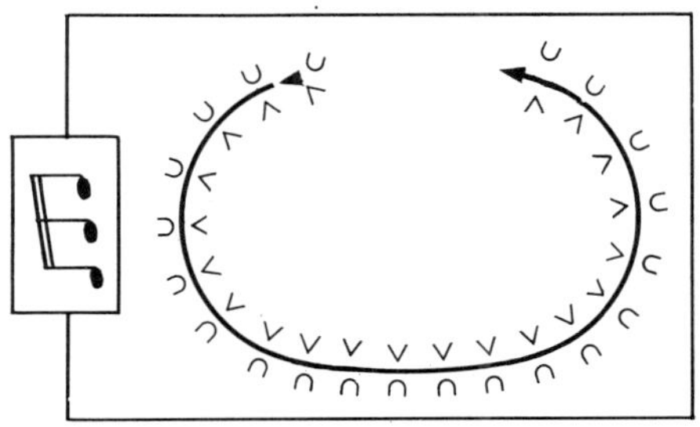

⑯

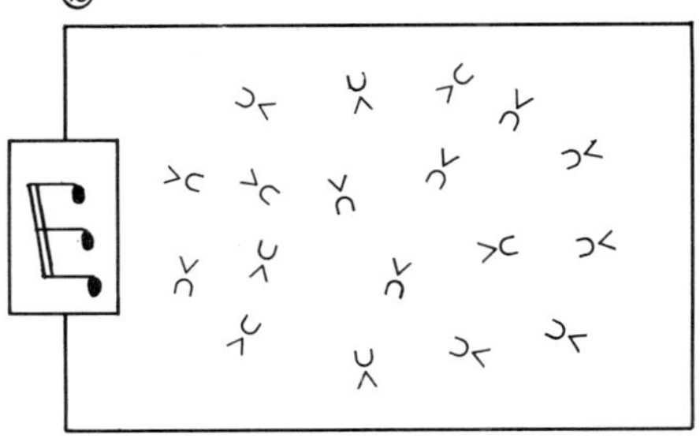

⑰

Variation: Für sehr große Gruppen wird eine vereinfachte Figurenfolge empfohlen:
1, 2, 3, 10, 11, 12, 13, 15 (ohne Auflösung), 17

Musik:
Taktart: $^4/_4$-Takt

Plattenvorschläge:
- ○ 2 Polonaisen in flottem Tempo/ EP 56911 (feierliche Musik), Verlag Walter Kögler (→ S. 143);
- ○ Polonaisen (mit amerikanischer und englischer Folklore)/Fidulafon 1192, Fidula Verlag (→ S. 143);
- ○ Polonaisen (in Folklore, im Bach-Beat)/Fidulafon 1174, Fidula Verlag (→ S. 143);
- ○ Marschmusik jeglicher Art

Tanzspiele mit Partnerwahl

Jägermarsch

Der Jägermarsch kann in drei Tanzabschnitte unterteilt werden:

1. »Marschieren«
Paare in NSt (Rechtsseitstellung) mit offener oder eingehakter Fassung marschieren vw in TR

2. »Mixen«
Je nach Ansage gehen entweder die Damen oder die Herren in GTR vw.

Auf Zuruf des Tanzleiters können noch »Zusatzaufgaben« erteilt werden, z. B.
Variationen in der Fortbewegungsart (z. B. Hockgang, Einbeinhupf), Nachahmungen (z. B. von Tieren).
Auf Unterbrechung der Musik hin finden sich die Nächststehenden zu einem neuen Paar zusammen.

3. »Tanz mit dem neuen Partner«
Folgende Tanzmöglichkeiten können vom Tanzleiter gewählt werden:
Ein Tanz aus dem Bereich der Gesellschaftstänze
Ein Tanz aus dem Bereich der modernen Tanzformen
Eine Tanzform zur Belustigung, z. B. Tanz »Rücken an Rücken«, Tanz auf »zwei oder drei Beinen«.

Diese drei Tanzabschnitte lassen sich je nach Spaß an dieser Tanzform beliebig lang wiederholen.

Musik:
Taktart: 4/4-Takt

Plattenvorschläge:
○ Marschmusik jeglicher Art
○ Gesellschaftstänze → S. 69
○ Moderne Tanzformen → S. 51

Clap Your Hands
(Klatsch-Mixer)
Paarweise GÜSt bei freier Aufstellung im Raum

1. »Klatschen«	Rhythmus
1x Klatsch auf die Oberschenkel	1
1x Klatsch in eigene Hände	2
1x Klatsch beidhändig zum Partner	3, 4
1x Klatsch auf die Oberschenkel	5
1x Klatsch in die eigene Hände	6
3x Klatsch beidhändig zum Partner	7, 8
WH 1 – 8	

2. »Mixen«
Paare in eingehakter Fassung rechts 8 Schritte vw gehen, dann Fassung lösen und im freien Raum mit 8 Schritten vw gehen und einen neuen Partner suchen.

Musik:
Taktart: 4/4-Takt

Plattenvorschläge:
○ Begleitplatte 2. Seite → 5.

Wahl eines neuen Partners
Ein oder mehrere partnerlose Tänzer können einen Tanzpartner wie folgt erwählen:
Abklatschen des gewünschten Partners;
Ausscheiden des nicht gewünschten Partners durch Überreichen irgendeines Gegenstandes (z. B. Besen, Hut, Korb);
Schneeballsystem: Zwei oder auch mehrere Tanzpaare befinden sich auf der Tanzfläche. Bei Abbruch der Musik sucht sich jeder der Tanzenden aus der Gruppe der Nichttänzer einen neuen Partner. Dieses System wird solange durchgespielt bis alle einen Partner gefunden haben.

Tanzspiele mit Wettkampfcharakter

Durch jeweiliges Ausscheiden eines oder mehrerer Tänzer mit Abbruch der Musik oder bei Nichteinhaltung der Spielregeln bleibt zum Schluß nur ein Siegerpaar oder ein Einzelsieger übrig.

Spiel mit der »Zahl«
(Atomspiel):
Auf Zuruf findet sich jeweils die betreffende Anzahl von Tänzern zusammen und improvisiert bekannte Tanzformen; überzählige Tänzer scheiden aus.

Geschicklichkeitsspiele
Das Paar, das einen nach bestimmten Spielregeln getragenen Gegenstand verliert (z. B. Orange, Kartoffel, Luftballon), scheidet aus.

Um- oder Durchtanzen von bestimmten Gegenständen (z. B. Flaschen oder Keulen umtanzen oder unter einem Stab durchtanzen, der bei jedem neuen Durchgang immer niedriger gehalten wird (Limbo).

Sitzboogie

Alle Tanzenden sitzen auf Stühlen bzw. am Boden in einem Kreis oder Halbkreis.

Zählweise

1, 2	Klatsch auf die Oberschenkel 2x
3, 4	Klatsch in die Hände 2x
5, 6	Unterarme in der Vorhalte: re Unterarm kreuzt vor li Unterarm 2x
7, 8	ggl. zu 5,6
9, 10	re Faust hämmert auf li Faust 2x
11, 12	ggl. zu 9, 10
13, 14	re Hand faßt an li Ohr
15, 16	ggl. zu 13, 14
17, 18	re Zeigefinger tippt zur Nase
19, 20	beide Ellbogen auf die Oberschenkel bzw. auf den Boden aufsetzen
21–24	Unterarme umeinanderdrehen
25, 26	re Daumen über re Schulter werfen
27, 28	ggl. 25, 26
29, 30	Von Stuhl aufstehen bzw. Gesäß vom Boden abheben mit Abstützen der Hände
31, 32	wieder hinsetzen

Musik:
Taktart: 4/4-Takt

Plattenvorschläge:
○ Begleitplatte 2. Seite → 6.
○ Boogie oder Rockmusik

Abschlußtänze

Good Night Ladies

Grundformen:
Gehen sw
Wechselschritte vw

Tanzbeschreibung:
Schritte:

Teil A

1, 2 RF sw	nach re zum nächsten Partner gehen, verbeugen
3, 4 LF schl.	
5–16 WH 3x 1–4	

Teil B

1–16 Kreuzfassung oder Zweihandfassung in Schulterhöhe
8 Wechselschritte vw (RF beginnt) in TR

Musik:
Taktart: 4/4-Takt

Plattenvorschlag:
Good Night Ladies / EP 58702 Verlag Walter Kögler (→ S. 143)

Rausschmeißer oder Abschlußgalopp

Der Galopp besteht aus einer Folge von Chassé-Seitschritten

Schritte:	*Herr*	*Dame*	*Rhythmus*
1	LF sw	RF sw.	1
2	RF schl.	LF schl.	und
3	LF sw	RF sw	2
4	RF schl.	LF schl.	und

Dieser Grundschritt kann auch mit Rechtsdrehung getanzt werden.

Schritte	*Herr*	*Dame*	*Rhythmus*
1	LF sw	ggl.	1
2	RF schl.		1/2 RD und
3	LF sw		2
4	RF sw		3
5	LF schl.		1/2 RD und
6	RF sw		4

Musik:
Takt: 4/4-Takt

Plattenvorschläge:
○ Begleitplatte 1. Seite → 4.
○ Petersburger Schlittenfahrt

Literatur

Allgemeine Literatur:

Bünner, G., Röthig, P., u. a.: Grundlagen und Methoden rhythmischer Erziehung. Stuttgart 1971

Egger, K.: Lernübertragungen in der Sportpädagogik. Basel 1975

Dieckert, J. (Hrsg.): Freizeitsport. Aufgabe und Chance für jedermann. Düsseldorf 1974

Frostig, M.: Bewegungserziehung. Neue Wege in der Heilpädagogik. München, Basel 1973

Größing, St.: Einführung in die Sportdidaktik. Frankfurt 1975

Günther, D.: Der Tanz als Bewegungsphänomen. Hamburg 1962

Oerter, R.: Moderne Entwicklungspsychologie. Donauwörth 1970

Sorell, W.: Knaurs Buch vom Tanz. München 1969

Gesellschaftstanz – Tanzsport:

Fern, E.: Gestatten Sie? Ein Welttanzprogramm mit dem Ehepaar Fern. Wiesbaden o. J.

Fern, E. u. H.: Wir lernen Modetänze mit dem Ehepaar Fern. Wiesbaden 1968

Günther, H., Schäfer, H.: Vom Schamanentanz zur Rumba. Die Geschichte des Gesellschaftstanzes. Stuttgart 1975

Hädrich, G.: Tanzstunde. Die 11 Tänze des Welttanzprogramms. Wiesbaden 1975

Möller, E.: Die neue Lateintechnik aus England in deutscher Sprache. Übersetzung: Imperial Society of Teachers of Dancing: Latin American Dance Branch. Hamburg 1973

Moore, A.: Gesellschaftstanz (Mit den Teilen Wiener Walzer, Mambo Bolero und Cha-Cha-Cha von Paul Krebs). Stuttgart 1975

»tanz – Illustrierte«, Zeitschrift erscheint monatlich. H. G. Schnitzer Verlag, Marienburgerstraße 41, 5000 Köln 51

»Tanzspiegel«, Zeitschrift erscheint monatlich. Fachorgan des Deutschen Tanzsportverbandes. Tanzwelt Verlag, Friedrichstraße 106, 6078 Neuisenburg

Moderne Tanzformen:

Beckman, M.: Jazzgymnastik Beckman I und II. Schriftenreihe zur Praxis der Leibeserziehung und des Sports, Band 98. Schorndorf 1975

Brunner, I., Roth, B.: Jazztanz für Schule und Freizeit. Einführung in den Jazztanz. Tübingen 1975

Fischer-Münstermann, U.: Von der Jazzgymnastik zum Jazztanz. Celle 1975

Grimmer, M., Günther, H.: Tap Dance – Geschichte, Technik, Praxis. Stuttgart 1973

Günther, H.: Grundphänomene und Grundbegriffe des afrikanischen und afro-amerikanischen Tanzes. In: Beiträge zur Jazzforschung, Band 1. Graz 1970

Günther, H., Grimmer, M.: Theorie und Praxis des Jazz Dance. Stuttgart 1973

Schabert, K.: Tänzerische Jazzgymnastik. München 1973

Folklore:

Goldschmidt, A.: Handbuch des deutschen Volkstanzes. Berlin-Ost 1970

Klindt, E.: Tanzen in der Schule, Teil I: Amerikanische Gemeinschaftstänze für den Anfangsunterricht. Schriftenreihe zur Praxis der Leibeserziehung und des Sports, Band 43. Schorndorf 1970

Klindt, E., Schabert, K.: Tänze aus Israel. Schriftenreihe ›Sportwissenschaft und Sportpraxis‹, Band 2. Hamburg 1970

Kögler, W. (Hrsg.): Fachausdrücke Volkstanz. Stuttgart 1971

Palm, F.: Tänze aus Amerika. Band 1 und 2. Regensburg 1961 und 1964

Schmolke, A., Langhans, H.: Europäische Tänze. Heft 1–9. Wolfenbüttel 1954–68

»Volkstanz«. Zeitschrift der Deutschen Gesellschaft für Volkstanz e. V., Schriftleitung R. Heinrichsen, Enzianweg 9, 8192 Geretsried 1

Tanzformen für Kinder und Senioren:

Gass-Tutt, A.: Tanzkarussel. 101 Kindertänze für Daheim, Kindergarten, Spielplatz, Vor- und Grundschule, Turnhalle. Boppard 1972

Haselbach, B.: Tanzerziehung. Grundlagen und Modelle für Kindergarten, Vor- und Grundschule. Stuttgart 1971

Schuhmacher, E.: Singspiele und Kindertänze für die Grundschule. Schriftenreihe zur Praxis der Leibeserziehung und des Sports, Band 68. Schorndorf 1972

Deutscher Sportbund: Sport und Spiel für Ältere. Schriftenreihe Breitensport, Band 15. Frankfurt 1974

Krombholz, G.: Tanz mit Senioren. In: Deutscher Sportbund. Sport für den älteren Menschen. Frankfurt 1976

Tanzspiele:

Budenz, T.: Uhlenkamp, G.: Die Tanzparty. München 1960

Gering, M.: 100 moderne Tanzspiele. Heidelberg 1961

Verlage für Tanzschallplatten:

Calig Verlag, Postfach 146, 8000 München 19 (Folklore)

Camerata Möseler Verlag, 334 Wolfenbüttel (versch.)

Fidula Verlag, 5407 Boppard/Rhein (Kindertänze)

Verlag Gertrud und Hannes Hepp, 7302 Nellingen – Parksiedlung (Folklore)

Verlag Walter Kögler, Postfach 810245, 7000 Stuttgart 81 (Folklore, Moderne Tanzformen)

H. G. Schnitzer Verlag, Marienburgerstraße 41, 5000 Köln 51 (Leserdienst Buch + Schallplatte, Gesellschaftstanz, Tanzsport)

Begleitplatte

1. Seite

1. **Gioco Mecanicco:**
   Tänzerische Bewegungsformen am Ort (→ S. 29)
2. **Memphis Beat:**
   Tänzerische Bewegungsformen am Ort (→ S. 29)
   Gehen (→ S. 40)
   Schrittkombinationen (→ S. 44)
   Beatformen (→ S. 51)
   Familienformen (→ S. 129)
3. **Bassa Beat:**
   Tänzerische Bewegungsformen am Ort (→ S. 29)
   Laufen (→ S. 41)
   Schrittkombinationen (→ S. 44)
   Beatformen (→ S. 51)
   Familienformen (→ S. 129)
4. **Hello Girl:**
   Hüpfen (→ S. 43)
   Polka (→ S. 115)
   Familienformen (→ S. 129)
5. **Get Up And Go**
   Schrittkombinationen (→ S. 44)
   Beatformen (→ S. 51)
   Tänzerische Bewegungsformen am Ort (→ S. 29)
6. **Monkey Puzzle**
   Beatformen (→ S. 51)
   Schrittkombinationen (→ S. 44)
   Tänzerische Bewegungsformen am Ort (→ S. 29)
   Football (→ S. 64)
7. **The Mungo Dance**
   Pelican Dance (→ S. 66)

2. Seite

1. **Red Snapper**
   Red Snapper (→ S. 65)
   Schrittkombinationen (→ S. 44)
   Beatformen (→ S. 51)
2. **Charleston Town**
   Charleston (→ S. 108)
3. **Country Dance**
   Nordamerikanische Mixerformen (→ S. 117)
4. **Scherzi Senesi**
   Folkloristische Grundformen: Gehen, Laufen, Hüpfen (→ S. 123)
   Familienformen (→ S. 129)
5. **Clap Your Hands**
   Klatsch-Mixer (→ S. 140)
6. **Rag Me Baby**
   Sitzboogie
   Rock'n Roll – Boogie (→ S. 72)

Aus der Reihe blv sport

Karin Schabert

Tänzerische Jazzgymnastik

Ein systematisches Trainingsbuch, in dem keine konventionellen Gymnastikübungen demonstiert werden, sondern moderne gymnastische Trainingsformen, die auf dem »Modern Dance« beruhen.

2. Auflage, 119 Seiten, 169 Fotos und Zeichnungen

Jürgen Kemmler

Topfit durch Sport, Spiel + Gymnastik

Dieses systematische Trainingsbuch informiert umfassend über alle theoretischen Grundlagen des allgemeinen und individuellen Bewegungstrainings und bringt praktische Tips und Tests mit gezielten Programmen. Eine Anleitung für Sportler und Nichtsportler.

135 Seiten, 51 Fotos, 67 Bildserien, 40 Zeichnungen

Manfred Vorderwülbecke

Gymnastik + Spiel mit unseren Kleinen

Zu geringe Bewegungsfreiheit und gehemmter Bewegungsdrang sind die Nachteile unserer Zivilisation. Daß der notwendige Ausgleich viel Spaß machen kann, beweist diese klare Anleitung für Gymnastik und Spiel mit unseren Kindern.

2. Auflage, 119 Seiten, 246 Fotos, 28 Zeichnungen

Liliane Siegel

Yoga zum Mitmachen

Dieser mit 320 Fotos illustrierte Band informiert über Hatha-Yoga – Atmungs- und Körperyoga – der elementaren Form des Yoga. Yoga-Interessierten und -Anfängern hilft dieses Buch mit seinen vielen, ästhetischen Fotos und dem knappen präzisen Text sich weiter zu vervollkommnen.

118 Seiten, 313 Schwarzweißfotos

Manfred Vorderwülbecke / Jürgen Kemmler

Tele-Skigymnastik

Der Begleitband zur Skigymnastik-Sendereihe des Fernsehens

Ein kompletter Trockenskikurs für das Konditionstraining – auch unabhängig von der Fernsehserie. Anhand von Bildserien, Fotos und exaktem Text wird die Skitechnik und die entsprechende Skigymnastik demonstriert und erklärt. Dazu alle Gymnastikübungen, für die Vorbereitung zu Hause.

71 Seiten, 24 Fotos, 75 Bildserien

BLV Verlagsgesellschaft München